# 综合交通基础设施网络承载能力理论与实证

杨 东　李艳红　著

人民交通出版社

北京

## 内 容 提 要

本书分析综合交通基础设施网络承载能力的概念及内涵,梳理有关理论,系统分析美国、日本、德国等发达国家交通基础设施供给与社会经济发展之间的互动关系,提炼国外交通供给与经济协同发展的经验,分析宏观经济层面与中观交通层面的映射逻辑,明确承载能力分析要素,构建多模式交通协同承载能力分析框架,提出承载能力的影响因素及测算方法,并以京津冀—长三角主轴(京沪通道)作为实证对象,验证承载能力分析框架的可行性和有效性,提出提升综合交通基础设施网络承载能力的对策建议。

本书可供有关研究人员、高等院校师生参考。

**图书在版编目(CIP)数据**

综合交通基础设施网络承载能力理论与实证 / 杨东,李艳红著.— 北京:人民交通出版社股份有限公司,2025.1.—ISBN 978-7-114-20078-6

Ⅰ. F511.3

中国国家版本馆 CIP 数据核字第 2025N2N986 号

Zonghe Jiaotong Jichu Sheshi Wangluo Chengzai Nengli Lilun yu Shizheng

| | |
|---|---|
| 书　　名 | 综合交通基础设施网络承载能力理论与实证 |
| 著 作 者 | 杨　东　李艳红 |
| 责任编辑 | 朱明周 |
| 责任校对 | 赵媛媛　龙　雪 |
| 责任印制 | 张　凯 |
| 出版发行 | 人民交通出版社 |
| 地　　址 | (100011)北京市朝阳区安定门外外馆斜街 3 号 |
| 网　　址 | http://www.ccpcl.com.cn |
| 销售电话 | (010)85285857 |
| 总 经 销 | 人民交通出版社发行部 |
| 经　　销 | 各地新华书店 |
| 印　　刷 | 北京市密东印刷有限公司 |
| 开　　本 | 787×1092　1/16 |
| 印　　张 | 9.25 |
| 字　　数 | 156 千 |
| 版　　次 | 2025 年 1 月　第 1 版 |
| 印　　次 | 2025 年 1 月　第 1 次印刷 |
| 书　　号 | ISBN 978-7-114-20078-6 |
| 定　　价 | 99.00 元 |

(有印刷、装订质量问题的图书,由本社负责调换)

# 前　言

经过多年建设,我国综合立体交通网加速成型,实现了由"瓶颈制约"到"初步缓解"再到"基本适应"的阶段性转变,为促进经济发展和社会进步提供了不竭动力。进入新时代,我国社会的主要矛盾转化为人民日益增长的美好生活需要和不平衡不充分的发展之间的矛盾。《交通强国建设纲要》提出"坚持推动高质量发展,坚持以供给侧结构性改革为主线""基础设施规模质量位居世界前列"的总体要求,以及"建设现代化高质量综合立体交通网络,优化存量资源配置,扩大优质增量供给"等建设任务,本质上就是要通过交通运输高质量发展解决不平衡不充分的问题,通过深化交通运输供给侧结构性改革,提高供给的质量和效率,提升供给结构对需求结构的适配性,最终实现人享其行、物畅其流的美好愿景。然而,实现高质量发展和结构性改革的前提是明确供给规模不充分和结构不平衡的薄弱环节。因此,进行综合交通基础设施网络承载能力-供需适配性分析研究,把握交通供给薄弱环节,评判未来综合交通基础设施供给能否有效满足社会经济发展需要,是新时代建设交通强国必须要回答的问题。

本书是笔者在近年来参与的多项以综合交通网络资源优化配置为研究对象的交通运输战略规划政策项目的基础上编写而成的。感谢中国交通运输协会、交通运输部水运科学研究院、吉林大学、长安大学、对外经济贸易大学相关领导、专家在研究过程中给予的指导和帮助。本书共分为七章:第一章"绪论",详细阐明了研究的背景及重要性;第二章"综合交通基础设施网络承载能力的基础理论",梳理了承载力理论的发展轨迹,溯源承载力概念的由来,在此基础上剖析了综合交通基础设施网络承载能力的概念及内涵,并阐述了综合交通基础设施网络承载能力分析的相关理论。第三章"国外交通与经济协同发展实践及经验",系统分析了美国、日本、德国交通基础设施供给与社会经济发展之间的互动关系,提炼了发达国家交通供给与经济协同发展的经验,为明确综合交通基础设施网络承载能力分析要素提供参考。第四章"综合交通基础设施网络承载能力分析框架",基于宏观经济层面与中观交通层面间的映射逻辑关系,剖析了综合交通基础设施网络承载能力的分析要素,提出了承载水平的分析方法及评判标准,建立了综合交通基础设施网络承载能力的分析框架。第五章"承载能力分析的影响因素及测算方法",重点分析了承载对象(交通运输需求)及承载体(综合交通基础设施网络)承载能力各自的影响因素,提出了承载能力的测算方法。第六章"京津冀—长三角主轴承载能力分析实证",选取京津冀—长三角主轴作为实证对象,验证了综合交通基础设施网络承载能力分析框架的可行性和有效性。第七章"提升综合交通基础设施网络承载能力的对策建议",从供给侧结构性调整、需求侧精准管理、技术创新与推广等多个方面,提出了提升综合交通基础设施网络承载能力的对策建议。

本书由杨东高级工程师提出总体框架和思路,执笔完成第一章、第二章和第四章,并与李艳红正高级工程师共同完成第六章内容的编写。其余各章分工如下:第三章由李艳红正高级工程师、张甜甜和王安宇研究实习员执笔完成;第五章和第七章由李艳红正高级工程师执笔完成。交通运输部科学研究院综合运输研究中心田春林研究员、王显光研究员、汪健研究员、韩继国研究员、刘振国正高级工程师、李乾高级工程师参加了本书研究内容的讨论,提出了许多建议。在此,一并表示由衷的感谢。

综合交通基础设施网络承载能力聚焦的交通供需问题是一个传统且复杂的研究领域。囿于笔者能力和时间有限,有些研究还有待进一步深入,书中难免有论述不准确甚至不当之处,亦请专家学者不吝赐教。

杨 东<br>
2023 年 7 月 25 日

# 目　　录

第一章　绪论 …………………………………………………………………… 1
　　第一节　问题的提出 …………………………………………………… 1
　　第二节　研究的重要性 ………………………………………………… 3
第二章　综合交通基础设施网络承载能力的基础理论 ………………………… 5
　　第一节　"承载力"概念的起源 ………………………………………… 5
　　第二节　综合交通基础设施网络承载能力的概念及内涵 …………… 6
　　第三节　综合交通基础设施网络承载能力分析理论支撑 …………… 9
第三章　国外交通与经济协同发展实践及经验 ……………………………… 15
　　第一节　美国的发展实践 ……………………………………………… 15
　　第二节　日本的发展实践 ……………………………………………… 28
　　第三节　德国的发展实践 ……………………………………………… 44
　　第四节　国外交通与经济协同发展经验启示 ………………………… 56
第四章　综合交通基础设施网络承载能力分析框架 ………………………… 61
　　第一节　宏观经济层面与中观交通层面的映射逻辑 ………………… 61
　　第二节　承载对象与承载能力分析的要素及路径 …………………… 67
　　第三节　承载水平分析的方法及评判标准 …………………………… 71
第五章　承载能力分析的影响因素及测算方法 ……………………………… 76
　　第一节　承载对象的影响因素及测算方法 …………………………… 76
　　第二节　承载能力的影响因素及测算方法 …………………………… 92
第六章　京津冀—长三角主轴承载能力分析实证 …………………………… 106
　　第一节　京津冀—长三角主轴交通线网构成 ………………………… 106
　　第二节　京津冀—长三角主轴需求压力预测 ………………………… 107
　　第三节　京津冀—长三角主轴承载能力测算 ………………………… 121
　　第四节　京津冀—长三角主轴承载水平评价 ………………………… 127
第七章　提升综合交通基础设施网络承载能力的对策建议 ………………… 134
参考文献 ……………………………………………………………………… 137

# 第一章 绪 论

## 第一节 问题的提出

随着工业化、城镇化的持续快速推进,我国经济实力跃上新台阶,经济总量由2012年的53.9万亿元上升到2021年的114.4万亿元,占世界经济比重从11.3%上升到超过18%,人均国内生产总值从6300美元上升到超过1.2万美元,人民生活实现全方位改善。面对复杂严峻的国内外形势和多重超预期因素冲击,国内经济顶住压力持续发展,既保持了量的合理增长,也实现了质的稳步提升,经济发展的韧性和潜力使得我国经济发展长期向好。

基础设施是国民经济各项事业发展的基础,交通基础设施在区域经济发展、产业结构优化中发挥着重要作用,是社会经济发展的重要载体。过去十年,我国交通基础设施建设取得了历史性成就,综合立体交通网加速成型,建成了全球最大的高速铁路网、高速公路网、世界级港口群,航空航海通达全球,实现了由"瓶颈制约"到"初步缓解"再到"基本适应"的阶段性转变,为促进经济发展和社会进步提供了不竭动力。

我国经济发展长期向好的基本面和工业化、城镇化的纵深发展注定了运输需求仍将进一步增加,这种增加不仅体现在需求规模上,更体现在需求结构内部。产业的变迁和居民消费结构的升级,使得品质化、多样化的出行需求和小批量、高附加值的货运需求不断涌现。供给和需求是经济发展的一体两面。对国民经济来说,交通运输之所以在国民经济体系中地位重要,就在于它是国民经济运行的载体,国民经济发展客观上对交通运输提出需求,交通运输为国民经济发展提供供给。面对运输需求的变化,需要因势利导,以高质量的交通供给提升综合交通基础设施网络承载能力,适应运输需求,实现交通供需均衡发展。进入新时代,我国社会的主要矛盾已经转化为人民日益增长的美好生活需要和不平衡不充分的发展之间的矛盾。《交通强国建设纲要》提出"坚持推动高质量发展,坚持以供给侧结构性改革为主线"的指导思想,以及"到本世纪中叶,全面建成人民满意、保障有力、世界前列的交通强国""建设现代化高质量综合立体交通网络,优化存量资源配置,扩大优质增量供给""基础设施规模质量位居世界前列"等目标和举措,本质上就是要通过交通运输高质量发展解决不平衡不充分的问题,通过深化交通运输供给侧结构性改革提高供给的质量、效率,提升供给结构对需求结构的适配性,实现人民满意出行,保障货物顺畅流通。然而,实现高质量发展和有效改革的前提是要明确供给规模不充分和结构不平衡的薄弱环节。因此,如何把握交通供给薄弱环节,评判未来交通基础设施供给能否满足社会经济发展需要,是新时代建设交通强国必须要回答的问题。综上,为实现交通基础设施供需适配性分析评估,特开展综合交通基础设施网络承载能力理论研究。

当前,高质量发展已成为时代主旋律。同时,我国经济发展的空间结构正在发生深刻变化,中心城市和城市群正在成为承载发展要素的主要空间形式,人口将持续向城市群、沿江、沿海、铁路沿线地区集聚。新发展格局下,着力推进综合交通运输高质量发展,围绕综合交通基础设施供给与需求的平衡协调,提升综合交通基础设施网络承载能力,将有利于加快人口、资源等发展要素合理流动和高效集聚,这对于我国加快建设交通强国、构建现代化经济体系具有重要意义。

一是建设交通强国的应有之义。《交通强国建设纲要》明确提出"构建现代化高质量国家综合立体交通网络"。当前,我国交通已实现了由"初步缓解"向"基本适应"的历史性转变,进入了各种运输方式深度融合发展的新阶段,但交通网络结构不尽合理,城乡区域发展不平衡,服务国家重大战略实施和现代化经济体系建设的保障能力亟待提高等问题突出,且未来建设发展的资源环境约束趋紧。所以,交通需要加快由高速增长向高质量发展转变,以促进交通供给质量和效率的提升,更好地服务经济社会发展。

二是实施国家重大区域战略的重要抓手。《中共中央关于制定国民经济和社会发展第十四个五年规划和二〇三五年远景目标的建议》提出"坚持实施国家区域重大战略、区域协调发展战略、主体功能区战略"。"京津冀协同发展""长江经济带""长三角一体化发展""粤港澳大湾区""成渝地区双城经济圈建设"等重大区域战略,相较于以往的区域政策,最大的变化在于将我国区域经济发展的思路从过去相对分割、以点为主的分散发展,逐步转向通道化、连片化集中发展。《交通运输部关于服务构建新发展格局的指导意见》《国家综合立体交通网规划纲要》等明确提出了"加快提升城市群、都市圈和中心城市交通承载能力"的发展要求。通过承载能力分析评估,有利于优化区域交通供给,促进区域间要素流动,对区域社会经济发展具有重要意义。

三是能够为交通供需适配性评估提供技术方法。供需适配性评估能够为完善交通网络规划、引导和调整交通供给方向提供依据,对实现交通供给与运输需求在一定时期内的动态平衡具有重要意义。通过对承载能力分析要素的解析和测算,能够评判当前或者未来交通供给与运输需求在总量和结构上的适配状态,挖掘两者间存在的主要问题,进而有针对性地完善相关规划和政策。

## 第二节 研究的重要性

综合交通基础设施网络承载能力研究的重要性,主要体现在以下三个方面:

一是分析综合交通基础设施网络承载能力、评价供需适配水平,进而优化存量资源配置、扩大优质增量供给,是贯彻落实《交通强国建设纲要》和《国家综合立体交通网规划纲要》的直接要求。2019年9月,中共中央、国务院印发《交通强国建设纲要》,提出建设现代化高质量综合立体交通网络。2021年2月,中共中央、国务院印发《国家综合立体交通网规划纲要》,擘画了我国综合立体交通网络的蓝图。《交通强国建设纲要》和《国家综合立体交通网规划纲要》印发后,交通运输行业的重点工作是落实两个纲要,到2035年基本建成现代化高质量国家综合立体交通网和基本建成交通强国。在贯彻落实两个纲要、构建完善的国家综合立体交通网络的过程中,需要着力补短板、重衔接、优网络、提效能,优化存量资源配置,扩大优质增量供给。开展综合交通基础设施网络承载能力分析研究,评价交通供需适配水平,能够精准发现既有网络的短板,对于适时调整规划建设重点、优化既有网络资源配置、在资源环境约束条件下扩大优质增量供给具有重要的参考价值,是贯彻落实《交通强国建设纲要》和《国家综合立体交通网规划纲要》的直接要求。

二是分析综合交通基础设施网络承载能力、评价供需适配水平,是综合交通基础设施网络规模级配、方案布局、评价反馈、调整优化等闭环规划理论研究中重要的一环,是补充和完善运输经济学中交通供需平衡理论体系的迫切要求。

综合交通基础设施网络资源优化配置闭环流程一般包括总量规模、结构级配、方案布局、评价反馈和调整优化,评价反馈承担着在方案布局实施以后从总量、结构、空间形态等方面对网络进行查漏补缺和效果验证的功能,根据评价结果,可进一步调整优化综合交通基础设施网络资源的配置情况,是综合交通基础设施网络资源优化配置闭环流程的重要环节。同时,交通供需问题是一个传统的理论问题,国内外在该领域的研究成果比较丰富,尤其在城市内部道路网络供需平衡方面形成了由路网容量供需平衡、路网等级结构供需平衡、路网布局结构供需平衡和道路交通结构供需平衡等组成的较为完善的理论体系,但是针对区域或城市群等更大空间范围内综合交通基础设施网络供需适配性的研究还不成体系。现阶段交通运输领域主要矛盾表现为综合交通基础设施网络布局不够均衡、结构不尽合理、部分城市群的城际和市域(郊)铁路存在较明显短板等方面。因此,进行区域或城市群等更大空间范围的综合交通基础设施网络承载能力分析研究,使得综合交通基础设施网络资源优化配置研究形成闭环,且研究客运出行价值匹配、货物运输结构均衡等新问题,是补充和完善运输经济学中交通供需平衡理论体系的迫切需要。

三是分析综合交通基础设施网络承载能力、评价供需适配水平,尤其是供需结构适配水平,提升供给结构对需求结构变化的适应性,是实施行业供给侧结构性改革、精准推进交通运输高质量发展的现实要求。我国已经建成了名副其实的交通大国,铁路、公路、水路、民航基础设施多项指标位居世界前列,综合交通基础设施网络基本形成。综合交通基础设施总体上实现了从改革开放之初的"瓶颈制约"到20世纪末的"初步缓解",再到目前的"基本适应"经济社会发展需求的阶段跨越。但是随着新时期社会主要矛盾的变化,交通运输供需的主要矛盾也由如何"走得了""运得了"向如何"走得好""运得好"转变,人们不仅仅满足于通路、通车、通航、通邮等"硬需求",更加重视获得感、幸福感、安全感等"软需求",即交通供需态势的转变,需要行业不仅要关注交通供需总量的适度超前,同时要更加关注供需结构的平衡,避免出现总量适度超前但结构性运能短缺的现象。因此,分析综合交通基础设施网络承载能力、评价供需适配水平,尤其是供需结构适配水平,有助于发现综合交通基础设施供给空间不平衡、结构不平衡的原因所在,对于行业深入推进供给侧结构性改革,减少无效和低端供给,扩大有效和中高端供给,增强供给结构对需求变化的适应性和灵活性,具有重要的促进作用,是行业推进交通运输高质量发展的现实要求。

# 第二章　综合交通基础设施网络承载能力的基础理论

有关承载力理论的研究已持续了 200 多年,在此期间,承载力理论得到了长足的发展,其应用领域越来越广,从最初研究受资源环境制约下的生物种群增长规律逐渐转向社会经济发展面临的实际问题。本章简要梳理承载力理论的发展轨迹,溯源承载力概念的由来,在此基础上剖析综合交通基础设施网络承载能力的概念及内涵,并阐述综合交通基础设施网络承载能力分析的相关理论。

## 第一节　"承载力"概念的起源

有关承载力(Carrying Capacity)理论的研究可追溯至 18 世纪末。1798 年,英国人口学家马尔萨斯(Malthus)在《人口原理》一书中,将资源、环境对人口增长的约束用环境容纳能力来表示,建立起了人口增长与资源环境之间的联系。马尔萨斯认为人口具有无限增长的可能,但自然资源是有限的,人口的增长必然受到资源环境的制约。马尔萨斯的人口理论为承载力理论奠定了基石。逻辑斯蒂(Logistic)方程的提出是承载力理论的另外一个里程碑。1838 年,比利时数学家韦吕勒(Verhulst)在对一些地区进行人口调查后,首次用数学方程表达了马尔萨斯的人口理论,提出了著名的 Logistic 方程,为承载力理论提供了数学模型。1921 年,美国科学家帕克(Park)和伯吉斯(Burgess)在人类生态学领域中首次使用了承载力的概念,并将其定义为在某一特定环境条件下,某种个体存在数量的最高极限。这个时期,承载力多以"容纳能力"的概念来表述,即对某一具体的研究区域,在不削弱其未来支持给定种群的能力的条件下,当前的资源和环境状况所能支持的最大种群数量,也就是承载体和承载对象的关系。

第二次世界大战后至20世纪80年代,经历了长期的和平环境与快速的经济发展,人类对自然环境的破坏日益加大,一系列环境污染事件(洛杉矶光化学烟雾事件、伦敦烟雾事件、日本水俣病事件等)的发生引起了人们对生态系统功能和状况日益广泛的关注,人口和环境承载方面的研究大量涌现,提倡人类应该约束自己的行为以缓解对环境的压力。20世纪80年代至今,承载力理论的研究不断延伸,不再局限于对人口问题的研究,而是转向以研究资源因素制约下的经济社会发展问题为重点。

## 第二节　综合交通基础设施网络承载能力的概念及内涵

### 一、交通基础设施的概念

基础设施是国民经济的重要组成部分,是经济活动和社会活动的载体,为社会生产和人民生活提供基础产品和服务。根据提供服务范围的不同,国内外学者将基础设施划分为广义基础设施和狭义基础设施。广义基础设施是指由政府部门提供的一切为发展生产和保证生活供应而提供服务的部门、机构和设施的总称,可以细分为生产性基础设施和非生产性基础设施。狭义基础设施是直接为生产提供条件的部门,主要是指生产性基础设施。

交通基础设施属于狭义范畴内的基础设施,是直接服务于生产活动和居民生活的生产性基础设施,如铁路、公路、航道、管道等运输线路及车站、机场、港口等交通枢纽,这些基础设施是提供运输供给的物质基础,是运输工具运行的载体。因此,可以将交通基础设施定义为承担人员流动和物资运输功能,保障铁路、公路、水运、民航、管道各种运输方式正常运行的一种实体设施。

### 二、综合交通基础设施网络的概念

对于综合交通基础设施来说,"综合"是指交通运输内在多种运输方式之间的有机组合,综合交通基础设施由铁路、公路、水路、民航、管道等运输方式的基础设施构成。交通运输长期发展的历史证明,五种运输方式构成一个运输整体,共居于交通运输统一体中,相互联系、相互补充、相互竞争,各有特长、各有弱项。片面强调某种运输方式的能力和作用,是不切合实际的;偏废任何一方,都会大大削弱交通运输的综合能力。

交通基础设施在空间地理上分布广泛,结构上由相互作用、相互连接的交通枢纽和运输线路构成,点线交织形成区域间经济社会活动交互沟通的纽带,具有网络的天然结构。从空间布局来看,综合交通基础设施网络强调交通基础设施在空间上四通八达,既能联结各大经济中心、港站枢纽、商品生产基地和战略要地,又能覆盖县乡乃至镇村的普通集散地、聚集点。从内部结构来看,综合交通基础设施网络由五种运输方式的基础设施网络构成,而不同运输方式的基础设施网络内部呈现层次性,不同层级基础设施网络之间以及不同类型运输方式之间组合匹配,共同满足多层次、多样化的交通运输需求。从外部效益来看,现代化的规模生产和现代化的生活方式需要立体、互联、畅通、高效的综合交通基础设施网络来承载。综上,综合交通基础设施网络是指由不同区域单一或多种运输方式的交通线路、各类枢纽节点共同组成,并以交通线路为连接线,各类节点为连接点,具有一定的组合结构与等级层次,能够进行直达运输或联合运输的实体网络,是支撑区域经济发展的脉络以及人员流动、物资运输的客观基础。

### 三、综合交通基础设施网络承载能力的概念和基本内涵

目前针对交通基础设施承载能力的研究侧重于城市交通基础设施承载力,在综合交通运输研究领域,尚没有对"综合交通基础设施网络承载能力"这一概念的确切描述,但可以从城市交通承载力的概念延伸出来。侯德劭认为,城市交通设施承载力是一定时期内交通基础设施系统所能承载的最大交通量。詹歆晔指出,城市交通承载力是城市交通系统在可供利用资源和环境达标的前提下所能支持的最大交通活动(交通工具数量或交通运输能力)。郑猛认为,城市交通承载力是指在研究范围和研究时段内,城市交通设施能够实现的人或物的最大移动量,分为客运交通和货运交通两类。李阳指出,交通承载力主要针对城市及片区规划中交通供需失衡的问题。邵丹认为,交通承载力是反映交通供需关系的重要指标。陆锡明提出,交通承载力可定义为一定时期、一定范围、一定服务水平下,交通基础设施对城市社会经济发展和市民出行需求在数量和质量上的满足程度,对于港口来说是吞吐量,对于航空来说是起降架次或人次,对于铁路、公路来说是到发量,对于城市公共交通来说是乘次或人公里,对于道路交通来说

可以是车公里,也可以是人公里等。沈自豪概括了相关研究对城市交通承载力的认识:一是认为城市交通承载力能够反映当前城市中交通系统的发展状况,二是将城市交通承载力表示为在同等情况下对人们出行需求满足的极限,并提出如下定义:城市交通基础设施承载力是指在促进城市经济可持续发展的基础上,对交通基础设施给予合理的投资,使当前城市交通系统能够提供的交通供给与人们对交通的需求相匹配,既不会因供给不足造成交通拥挤、环境污染等问题,又能在避免因投资过多导致承载力过剩而使资源浪费的情况下为人们的日常生活提供便利,从而能够在整体上实现城市交通供给与人们日常生活、城市经济发展之间的平衡。

通过对城市交通承载力概念的梳理,可以提取总结以下几个关键词:一是需求,指经济社会发展衍生出的人员流动需求和物资运输需求;二是供给,指交通基础设施供给,体现为各类设施规模;三是前置条件,主要包括时间、地点,体现为空间地理上某一区域经济社会的发展阶段,不同阶段存在不同的需求,有着不同的供给,即特定时间和空间范围、特定社会经济发展阶段,脱离上述条件讨论交通承载力并无意义;四是极限或者最大,是指供给能够满足的最大需求。据此,提出如下概念:综合交通基础设施网络承载能力是指一定时期内区域综合交通基础设施网络可承载的最大人员流动需求和物资运输需求。

从基本属性来看,综合交通基础设施网络承载能力具有客观存在性、阶段变化性和影响因素复杂性。在一定区域一定时期内,综合交通基础设施网络的规模和结构是存在且相对稳定的,可以通过一定的手段来测度和计算。随着经济社会发展阶段的变化、科技的进步、交通管理水平的提高,承载能力也会发生变化。同时,承载能力的变化受多种内部和外部因素的影响。内部因素主要包括基础设施规模、级配结构等;外部因素是产生运输需求的根源,主要包括经济发展水平、产业空间布局、居民收入及消费水平等。内部、外部因素共同作用下形成运输需求的基本特征,而综合交通基础设施网络承载能力由交通供给和运输需求特征决定,上述因素的变化都将对区域的交通承载能力产生显著影响。

从要素关系来看,综合交通基础设施网络是承载体,运输需求是承载对象。综合交通基础设施网络由各种运输方式的交通线路和枢纽节点等构成,其承载的对象是汽车、火车、船舶、飞机等交通工具,但最终实现的都是人和物的空间位移。

从内在本质来看,综合交通基础设施网络承载能力揭示了交通基础设施的供给水平能否满足经济社会发展提出的运输需求。对国民经济来说,交通运输之所以在国民经济体系中地位重要,就在于它是国民经济运行的载体,国民经济发展客观上对交通运输提出需求,交通为国民经济发展提供运输供给。虽然国民经济对交通运输的需求是多层次多方面的,但归根结底还是人员流动需求和物质运输需求,而满足运输需求的关键在于交通基础设施供给。

从外在要求来看,综合交通基础设施网络对运输需求的承载需要满足总量和质量上的双重要求。总量上的承载主要指交通基础设施在规模总量上要满足社会经济发展对其需求,质量上的承载主要体现在交通基础设施能否以合理的供给结构与社会经济发展提出的需求结构相适应。总量上的承载关系到全局意义上的供需平衡,但质量上的承载是总量上承载的基础和保证。

## 第三节 综合交通基础设施网络承载能力分析理论支撑

### 一、经济学中的均衡理论

#### (一)经济学中均衡的概念及意义

均衡(Equilibrium)是经济学的基础性概念,也是最重要的概念之一。均衡是一种状态,是指与经济事物有关的变量在一定条件的相互作用下所达到的一种相对静止的状态,强调同一经济活动中的供需双方因经济价值的实现而相互满足。经济事物达到均衡状态包含两层含义:一是如果相关影响变量没有变化,则事物的均衡状态不会改变;二是均衡状态如果被打破,经济事物会寻求新的均衡状态。这体现出经济事物"均衡—非均衡—均衡"往复式的发展过程。从系统科学角度来看,稳定是系统存在的前提,系统的发展则是系统局部在某一时期的稳定状态被打破并波及系统整体,系统为了达到新的稳定状态进化成为新质系统的过程。同样,经济系统的存在是以供需均衡为前提,并在均衡与非均衡状态不断地交替中发展壮大的。在经济学中,经济均衡既包括总量平衡,也包括结构平衡,前者是产品的总供给与总需求的平衡,后者是供给结构与需求结构的平衡。之所以重视对均衡问题的研究,是为了使由需求方和供给方所组成的经济系统中的资源得到充分的利用。

## (二) 经济需求与供给非均衡论

均衡论始终是主流经济学的基石。新古典经济学的均衡概念以瓦尔拉斯(Walras)的一般均衡和马歇尔(Marshall)的局部均衡为代表,两者构成微观经济学与宏观经济学的基础。其中,一般均衡是指在一种价格体系下,整个经济系统中所有相关市场上的供给和需求同时达到均衡的状态。瓦尔拉斯认为,当消费者偏好、要素供给和生产函数已知时,就能利用数学公式论证所有商品市场和要素市场可以同时达到均衡,即整个经济系统处于一般均衡状态。局部均衡是在假定其他市场条件不变的情况下,孤立地考察单个市场或部分市场的供求与价格之间的关系或均衡状态,而不考虑它们之间的相互联系和影响。均衡论将市场机制视为一种客观存在的规律,倡导均衡论的经济学家认为只要在市场中存在均衡价格,就可以使包括运输在内的任何一种商品的需求等于供给。然而,通货膨胀、经济危机等一系列经济发展的事实证明,供需均衡并非经常性的社会经济现象。

对于经济学中非均衡的含义,有关学者认为"非均衡是指不存在完善的市场、不存在灵敏的价格体系条件下所达到的均衡",即"非均衡"是一种特定条件下的"均衡"。现实中,无论市场经济处在何种发展阶段,完全自由的市场体系和灵敏的价格体系都是较为鲜见的,需求萎缩、供给短缺时有发生,但如果经济发展尚处在稳定合理的水平,仍然认为此时的"非均衡"属于一种均衡状态,只不过它不是经济均衡论中所论述的那种均衡。匈牙利经济学家科尔奈(Kornai)试图通过考察买卖双方的相互作用来替代一般均衡理论,在1971年出版的《反均衡》一书中提出"宏观层次上的短缺与滞存是同时存在的,并且这两个状态可以相互转换"。这就意味着虽然经济发展会受到拉动或者抑制,但如果它运行相对稳定,它仍然是一种"均衡"。

## (三) 供求关系发展阶段论

根据需求供给之间的相互作用程度,可以将经济发展分为两个阶段:非均衡发展阶段和均衡发展阶段:

——非均衡发展阶段。在一定的市场中,供给创造需求和需求拉动供给两种现象同时存在,相互作用非常明显。这时,市场经济运行状态对于国家的宏观需求管理政策和供给管理政策都十分敏感。

——均衡发展阶段。在所考察的市场中,供给和需求之间的相互作用反应迟钝,明显减弱,市场运行趋近稳定状态。

非均衡发展阶段与均衡发展阶段是交替进行的,不断循环,不断前进。不同的阶段,应当采取不同的发展政策,才能促进经济运行健康发展。对于交通运输行业来说,研究交通运输需求与供给的均衡发展问题,需要明确交通运输需求和供给之间所处的发展阶段,从而制定合理的发展策略。

## 二、交通运输供需均衡理论

### (一) 运输经济学中的均衡

根据上文所述内容,经济系统中的均衡是一种相对稳定的状态,普遍存在的不是供求相等的一般均衡市场,如果一味地追求一般均衡的瞬时最大化,所付出的代价十分昂贵。同样,对于交通运输系统而言,由于其市场空间范围很大,运作过程复杂,所需建设成本及运营费用巨大,如果按一般均衡的方法操作,其代价之大足够使操作失灵。因此,面对运输需求的快变性,运输供给的慢变性使得交通运输容易出现运输短缺的现象。

交通运输与经济活动、社会发展、科技进步相联系,影响着宏观世界的演变和微观领域的运动,为国民经济发展提出的运输需求提供运输供给。运输需求与交通供给是构成运输市场的两个基本要素。运输需求是指国民经济发展客观需要的客货流通需求,交通供给是指实现客货位移的交通基础设施所形成的综合运力。交通运输供需均衡主要研究的是交通运输与经济社会等外部环境的联系,揭示交通运输与国民经济发展之间的供求关系,实现运输资源合理配置,谋取最佳经济效益和社会效益。参照宏观经济总量平衡方法的划分,交通运输供需均衡重点研究供需总量上的均衡以及供需结构上的均衡。

### (二) 交通运输供需总量均衡

交通运输供需总量均衡是交通运输总供给与总需求的均衡,在实物形态上表现为对综合交通运输能力的生产和消费的供给与需求的均衡,即交通运输供给与需求在规模上的均衡关系。总量均衡是全局意义上的均衡,当交通运输需求总量过分高于供给总量时,交通运输将成为阻碍社会经济发展的瓶颈,供给总量过多的富余将导致运输基础设施的闲置,造成社会资源浪费,所以,总供给与总需求处于大体的均衡状态是综合交通运输协调发展、正常运行的保证,但是交通运输供需总量的均衡并不意味着交通运输供需结构上的均衡。

**(三)交通运输供需结构均衡**

交通运输供需结构均衡是指交通运输供给结构与需求结构均衡,反映着不同时期运输方式构成与社会经济发展的适应关系,涉及反映交通运输构成方面的运力结构、运量结构以及反映运输需求结构方面的产业结构、能源结构等问题。需求结构积极反映运输消费结构的变化,包括舒适性、安全性运输需求的不断提升,中高档运输工具需求比重不断增加。研究结构均衡,对有效利用和发挥各种运输方式的优势,使之协作配合、相互促进、全面发展,对高效率、高质量地满足国民经济对运输的需要,保持生产和运输的平衡,进而获得最大的经济效益和社会效益,都有很重要的意义。

研究交通运输供需结构均衡问题,需要对运输需求与交通供给进行结构层次划分,建立供需结构层次间的对应关系,实现不同层次上的供需匹配。对于交通运输供给而言,其层次上的划分表现在运输结构,这种结构反映到交通基础设施层面就是各种运输方式的基础设施建设规模要与当前经济社会发展阶段的运输需求特征相适配,实现"宜铁则铁、宜水则水、宜公则公"。具体而言,经济社会环境发展的不同阶段,表现出不同的运输需求特征,形成不同的运输需求层次,对各种运输方式的依赖存在差异。在这种需求结构形成的过程中,交通运输系统中各种运输方式以一定的比例关系形成相对稳定的供给结构,与运输需求结构相适应,使得经济社会环境发展变化对各种运输方式的需求得到满足,形成交通运输供需结构的均衡态。随着外部经济社会环境对各种运输需求程度的不断变化,交通运输系统通过调整供给重点,形成与新的运输需求结构相适应的供给结构,从而实现不同经济社会发展阶段的不同交通运输供需结构的均衡态。因此,交通运输业要适应国民经济,要保证运输总供给与运输总需求的均衡关系,必须以交通运输供给结构与经济社会发展提出的运输需求结构相适配为基础。在经济社会高质量发展阶段,交通运输供需结构均衡更有意义。

**三、经济发展中的交通供需演变理论**

世界发达国家交通基础设施的更迭、交通运输供需的演变都是伴随工业化的进程而发生的。

## (一)前工业化阶段

在经济发展水平很低的时代,由于人们生产产品的目的主要是满足自身需要而非进行商品交换,因此社会经济对交通运输并没有太大的依赖。从最初的步行到马车,运输需求对路面宽度和强度的要求越来越高。运输结构随着经济从游牧、农业、小手工业到工厂手工业的进步而发生了相应的变化。随着货物运输需求的增加,加之运河水网的天然属性以及船只相较于马车在运输能力上的提高,运河水网逐渐发展起来。在整个前工业化阶段,人和货的运输需求都不大,经济从整体上看对运输的依赖性有限,地区之间的经济活动相对隔绝,运输基本上是依赖自然力量实现,社会中的交通基础设施增加缓慢。

## (二)工业化阶段

多数工业化国家大体都经历了以下顺序的工业化发展阶段:以纺织工业为主的发展时期,以冶金原材料工业为主的发展时期,以机械和化学工业为主的发展时期和以高度加工工业为主的发展时期。欧美国家工业革命的初期,当工业化处于纺织工业和冶金原材料工业发展阶段时,纺织原料、煤炭、矿石、钢铁产品等大宗、散装货物运输的需求急剧增加,为了解决运输问题,大规模运河的建设迎来高潮,随之而来的是铁路建设的热潮。当工业化发展到机械和化学工业为主的阶段时,燃料和原材料运输的增长速度已不如前一阶段,同时运输需求开始多样化。随着石油、天然气、水泥等工业制成品的出现,对散装车船以外的管道、罐车等设施和工具的需要不断增长,对运输速度的要求相应提高,追求用机械运输工具把燃料、原料产地、加工工业中心和消费市场紧密地联系在一起,公路和汽车在这一阶段得到了极大的发展。在进入高度加工工业为主的时期以后,随着各国产业结构水平的提高,制造业产品的加工程度进一步深化,工业产成品的附加价值比初级产品大为提高,经济增长对原材料的依赖开始减小,煤炭和钢铁的运输量增长速度放慢,需求特征更多地转向运输效率,要求更方便、更及时、更经济。高等级公路、航空等以灵活、快速为主要特征的基础设施实现了空前的发展,运输工具逐步实现大型化,大型载重汽车、大口径油气管道、超级远洋货轮相继出现,汽车得到了普及,货运量中多批次、高附加值的运量比例不断上升。在发达国家工业化的发展中,随着经济进步和人们生活水平的提高,人员流动需求也在不断增加,平均每人每年乘坐各种运输工具的旅行距离越来越长,同时对旅行速度、舒适、便捷和安全等方面的要求越来越高。可见,在工业化阶段,经济社会对交通运输的多样化需求日渐凸显,铁路、公路、水路、民航、管道等综合交通基础设施规模得到了长足的发展,运输规模实现高速增长后趋于平稳或转而下降,经济社会提出的交通运输需求从注重量的增长转向质的改善。

### (三)后工业化阶段

在发达国家的后工业化阶段,一些传统工业逐渐衰落,经济结构转向高技术产业和服务业,以计算机、通信、航天、生物工程等为标志的现代高新技术取得突飞猛进的发展,信息在经济社会生活中表现出越来越大的作用。在这一阶段,经济的增长已经从主要依赖对初级原料的加工,转向不断提高加工层次以获得更大的附加价值,转向更多地依赖深度加工、依赖技术、依赖信息。信息化经济对交通运输的要求主要表现在运输质量上,交通运输必须满足各种小批量、灵活多变的生产方式,满足商品"零库存""全球仓"和世界范围生产体系的需要。各类特种运输、集装箱运输和门对门一票到底的国际国内多式联运需求旺盛,航空货运在总运量的下降中将保持强劲的增长速度。在客运方面,由于小汽车无限制使用而引起的各种社会、经济、生态等问题,也需要作出必要的调整,发达国家客运能力的增加从过去主要依赖私人小汽车,开始转向更多地依赖民航、高速铁路等快速公共交通工具。在后工业化阶段,可以从以下几个方面把握交通运输发展特征:一是货物运输需求总量不会出现大幅度的增长,甚至有所下降,但运输速度和频率加快,高时效、小批量、特种运输的数量增加;二是旅客运输需求总量和人均出行距离仍会继续增加,小汽车保有量接近饱和,不会再大幅度增加,而快速化交通如航空、高速铁路等在客运中的比重将有所上升;三是国民经济中交通运输业的比重将出现缓慢下降,平均每单位国内生产总值(GDP)产生的货运量和货物周转量都会明显减少。

# 第三章　国外交通与经济协同发展实践及经验

工业化是现代社会经济发展的重要标志之一。虽然人类的交通运输活动由来已久,但是交通运输能够分化出来,成为国民经济中的重要产业,主要归因于工业化的发展。工业化加快了交通运输业的发展,而交通基础设施的建设又加快了工业化的进程,进而推动了社会经济的快速发展,彼此之间呈现出"交替推拉"关系。本章重点分析了美国、日本、德国等发达国家交通基础设施供给与社会经济发展之间的互动关系。按照工业化进程,总结各个国家在工业化各阶段的运输需求变化规律及交通基础设施供给重点,分析交通供需适配性水平,提炼国外交通基础设施供给与经济协同发展的经验,为明确综合交通基础设施网络承载能力分析要素提供参考。

## 第一节　美国的发展实践

### 一、工业化初期

#### (一)经济发展

随着英国工业革命的影响逐步传至美国,美国的工业开始起步。在这一时期,美国建立了以轻纺工业为主体的工业体系(包含棉纺织、毛纺织、生铁冶炼、机器制造和日用品制造等部门),并形成了东北部轻纺工业、南部棉花生产和中西部粮食生产的地域分工格局。

产业层面上表现为工业增长快、农业增长慢,行业层面上表现为轻工业增长快、重工业增长慢。1810年美国还是一个农业国,只有约75000人在制造业工作,包括采矿业、制造业和建筑业在内的第二产业产值仅相当于第一产业产值的三分之一；但到 1860 年，共有 130 多万人在制造业工作，第二产业产值已很接近第一产业产值（表 3-1）。

1799—1869 年美国第一产业与第二产业的产值对比　　　　表 3-1

| 年份 | 比例 | 年份 | 比例 |
| --- | --- | --- | --- |
| 1799 年 | 3.09 | 1839 年 | 2.15 |
| 1809 年 | 2.38 | 1849 年 | 1.43 |
| 1819 年 | 2.37 | 1859 年 | 1.39 |
| 1829 年 | 1.97 | 1869 年 | 1.10 |

**（二）交通基础设施供给**

由于缺乏必要的基础设施支撑，产业链条、规模经济和标准化生产便无法形成，因此在这个阶段，只依靠自然形成的内河网络和马车货运的初期道路网，难以连续稳定地供应工业发展需要的原料、资金、人力等生产要素。所以，在这个阶段，美国经济自身发展的迫切需要带来了"运河热"。

早期的运河基本由私人公司投资建设，如弗吉尼亚州的亚历山德拉运河、马里兰州的波托马克运河等。但是在 1816 年之后，政府意识到基础设施的重要性并开始投资，拨款逐渐提高。截至 1861 年，美国投入运河建设的总资金约 1.88 亿美元，其中超过 60% 来自政府拨款。纽约州的伊利运河是在该时期修建的一个成功典范。伊利运河连通了五大湖和纽约港，伊利湖与纽约之间的货运费用降低了 90%。受伊利运河的影响，纽约港入关的商品比例从 1800 年占全国 9% 上升至 1860 年的 62%。纽约市的人口也从 1820 年的不到 13 万人暴增至 1860 年的 108 万。

19 世纪上半叶，美国共开凿了约 5000 英里❶的运河，构筑了遍布美国的水运网，为美国走出农业社会，进入专业分工、区域合作、循环联动的工业化时代提供了基础，也在城市布局、交通走向和区域合作等方面做出了奠基性的经济贡献，这种交通改善极大地加强了美国西部与北部的经济一体化，有效促进了工商业的发展与繁荣。

**（三）交通运输与经济的适应性**

工业化初期发展阶段，即人均 GDP 在 1000 美元以下时，社会大生产的技术比较落后，国民经济以纺织工业、采掘原材料工业为主，这些都属于劳动密集型

---

❶ 英里为美国使用的长度单位，为与资料来源保持一致，本书未做换算。1 英里 ≈ 1.61 公里。

产业,对煤炭、矿石、钢铁产品等批量大、附加值低的大宗散货物运输有很大的需求,使得货物运输量快速增加,但由于收入水平不高,人们出行频率较低、距离较短,这一阶段遍布美国的水运网有效促进了当时经济的发展与繁荣。

## 二、工业化中后期

### (一)经济发展

轻工业的发展造成了对中间投入品和机器设备等资本品的需求,加速了重工业化发展。从19世纪60年代起,建材、煤炭、钢铁、石油、铁路等重工业成为最有活力的部门,据不完全统计,从1879年到1929年,四大重工业部门(化学制品、石油炼制、钢铁及制品、运输机械)的资本总量从7.32亿美元增加到204.55亿美元,增加了27倍,炼油、联合化工和汽车成为对工业增长贡献度最大的支柱行业。这一时期钢铁工业迎来了大发展,1860年美国钢铁产量只有1.3万吨,但到1880年增加到140.0万吨,20年间增长了约140倍。19世纪后半叶也是美国能源结构发生革命性变革的时期,从19世纪50年代开始,煤炭、石油等化石燃料得到大规模开发,并逐步取代木材和畜力成为经济活动的主要能源。1860年美国生产煤炭1450万吨,到1885年增加到10212万吨,年均增长超过8%,有力支持了这个时期美国工业的发展。

由于电力技术及随后多项重大发明(电话机、电灯、汽车等)的出现,从19世纪80年代开始,以机械工业为代表的美国加工组装部门开始崛起,使美国重工业的部门组成发生了微妙变化。例如,电气设备和石油炼制从19世纪80年代开始得到大力发展、汽车制造和办公设备从19世纪90年代开始腾飞。从1879年到1929年的半个世纪里,美国钢铁、建材、基础化工三大低加工度重工业部门的资本规模增加了十多倍,但机械和电气等深加工部门的资本规模增加了至少几十倍,见表3-2。

**1879—1929年美国不同部门制造行业的成长情况** 表3-2

| 部门 | | 增长倍数 | 年均增速(%) |
|---|---|---|---|
| 低加工度部门 | 钢铁工业 | 11.6 | 5.0 |
| | 基础化工 | 14.1 | 5.4 |
| | 建筑材料 | 16.6 | 5.8 |
| | 非铁金属 | 20.4 | 6.2 |

续上表

| 部门 | | 增长倍数 | 年均增速(%) |
|---|---|---|---|
| 高加工度部门 | 办公设备 | 45.5 | 7.9 |
| | 石油炼制 | 164.6 | 10.6 |
| | 电气设备 | 533.3 | 13.3 |
| | 汽车制造 | 685.0 | 13.9 |

### (二) 交通基础设施供给

早期的水运系统、道路网和运河网为美国经济的起步开辟了最基本的交通路径,搭建了一个粗略简约的经济运行平台,但是早期的交通路网比较稀疏,运输工具速度缓慢并且运价昂贵,不能满足美国版图迅速扩张、经济快速发展的需要。在此背景下,铁路作为全天候、快速、廉价的大容量运输方式,逐渐登上了美国的经济舞台,为工商业的发展提供支持。

1840年之前的美国铁路仍处于试验阶段。如1834年竣工通车的哥伦布—费城铁路,使用骡马在轨道上拉着车厢跑。1840—1850年期间,美国新建了超过5000英里的铁路,并逐步开始使用蒸汽机车。1850年,美国铁路运营总里程超过9000英里。此时,各地零散短小的铁路逐渐形成区域网络,部分地理位置优越的铁路也凸显了干线地位,美国铁路联结成网,为美国统一大市场的形成、东西部互补贸易的发展和国家经济的一体化提供了强有力的支撑。

1850年后,铁路迎来了发展的黄金时代。截至1916年,运营里程达到了25.4万英里。在这个阶段,各条铁路逐渐连接,路轨、车厢等技术逐渐标准化,时刻表也得到了统一,全国性的铁路网开始形成。新型交通网改变了美国经济的物流速度和成本,相比马路和运河交通,铁路的运费大幅降低,速度快了10倍。1860年铁路承运了32亿吨英里的货物;到1900年时,达到了1411亿吨英里,增长了44倍之多。

### (三) 交通运输与经济的适应性

工业化中后期发展阶段,即人均GDP在1000~4000美元之间时,工业结构发生很大变化,由于生产技术的进步和实行集约化生产模式,经济增长对原材料的需求开始减少,对运输需求也相应减少,而对小批量、多批次、高附加值产品的运输需求开始增加,对运输质量的要求更加严格。而随着社会经济的发展,居民生活水平提高,旅客出行需求增加,客运量稳步增长。这一时期开始阶段,早期的水运系统、道路网和运河网成为美国经济规模、经贸内容的刚性制约,在此背景下,铁路迎来了发展的黄金时代,有力支撑和适应了当时美国经济总量的扩容和运行效率的大面积提升。

### 三、后工业化时期

#### (一)经济发展

随着生产过程和生产工艺的复杂化,20世纪20年代,以电力、电器、冶金、汽车、飞机、石油等重工业为主的工业体系已经确立,内燃机、电机的应用和汽车、航空工业的发展,对钢铁和各种原材料的质量和规格提出了新的要求,从而推动了冶金工业的新发展和燃料化工、高分子合成等新型工业的振兴。在长达30年的时间里,技术密集度较高的飞机制造、汽车制造、电气设备、一般机械和化学工业等行业的增加值年均增速一般都超过8%,始终是美国工业增长的重要来源,而纺织服装、铁制品、非铁制品、林产品、造纸等劳动或资本密集型行业的年均增速一般不超过4%。进入20世纪40年代以后,技术密集型行业的优势地位更加突出,例如,1947—1954年,按增加值计算增长最快的四个行业依次是运输设备、机械制造、钢铁和化学工业,其中作为运输设备子行业的飞机制造业的年均增速超过了39%,对工业增长贡献最大的是运输设备、机械、食品和化工,其中飞机制造的贡献率超过了12%。

1.旅客运输需求特征

旅客周转量呈现先增后降的趋势,保持稳定低速增长(图3-1)。从绝对值看,通过对美国旅客周转量历史数据的分析,1960—2008年美国旅客周转量呈现逐年增长但增速逐步放缓的趋势,旅客周转量从1960年的21315亿人公里增加到2019年的102904亿人公里,增加了3.8倍,年均增速为2.7%。2020年由于受到疫情的影响,旅客周转量出现了较为明显的下降。从1990年至今,从增速变化看,美国旅客周转量基本保持稳定低速增长的特征。

2.货物运输需求特征

货物周转量呈现逐年增长的趋势(2009年有下滑),增速持续维持低速(图3-2)。从绝对值看,1980—2018年美国货物周转量呈现缓慢波动增长的趋势,从1980年的41730亿吨英里增长到2018年的52510亿吨英里,年均增速为0.6%。2009年由于受到经济危机的影响,货物周转量出现了一定程度的下降。

从2009年至今,美国货物周转量继续保持低速增长,增速较长一段时期在1%以下(0.3%~0.7%),2009年前后出现负增长,近几年恢复较快,在2%~3%。

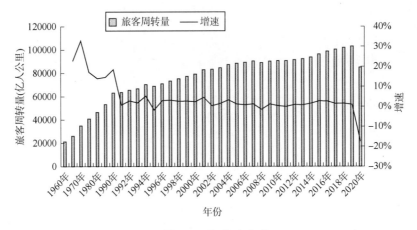

图3-1 美国旅客周转量及其增速变化(1960—2020年)

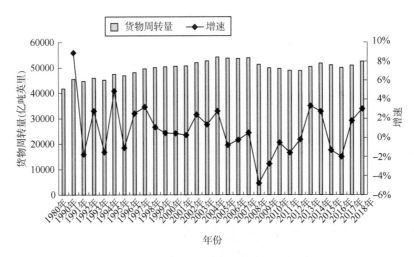

图3-2 美国货物周转量及其增速变化(1980—2018年)

**(二)交通基础设施供给**

这一时期,美国交通基础设施供给可以分为2个阶段,一是重振经济的汽车高速公路网,二是航空运输及综合运输的大发展。

1.重振经济的汽车高速公路网

美国汽车业在20世纪早期开始发展,汽车的销量逐步超过其他种类的机动车。到了20世纪20年代,美国汽车品牌已经多达几百个,美国家庭几乎都有了汽车,汽车渐渐成了生活的必需品。仅1929年一年新车销量就超过380万辆。

但是随后的经济大萧条和第二次世界大战给汽车业的发展按下暂停键,直到1946年才慢慢恢复。

在经济大萧条时期,美国现代公路网等公共工程的建设热潮逐渐兴起。1944年,国会批准了《联邦资助公路法案》,责成联邦公路局指导各州高速公路部门设计一个6.5万公里的国家州际高速公路系统。但是,并未提及资金来源。1956年通过的《联邦资助公路法案》对其进一步细化,将路网规模扩大到65983公里,授权在1957—1969年拨款250亿美元,联邦政府承担路网建设开支的90%。为了应对新一轮的经济萧条,国会在1958年通过了《联邦资助公路法案》,为1959—1961年的联邦高速公路工程增拨了8亿美元。经过了这段时间的集中建设,美国的公路总里程在1980年达到了386万英里。

汽车的普遍使用,使得美国经济得以在更大的空间里以更大的规模、更快的速度运行,并获得更高的经济收益,以更具流动性的人力资源匹配更加密集的信息、资本和技术,推动产业向附加值更高的层次升级。可以说,高速公路网和汽车是美国经济的加速器,扩大了美国经济的规模和总量,使其能够更加稳定、高效地运行并不断地向更高端的产业链条升级,走在世界经济的前列,占据全球经济的制高点。

2.航空运输的大发展

第一次世界大战中,飞机成为重要的军事工具,有力地促进了飞机设计和制造技术的快速发展。第二次世界大战后,民用航空逐渐兴起,极大地缩短了人类的旅行时间,极大地改变了人们固有的距离概念。但是由于经济性、安全性、能源价格等原因,航空业的运营一直不佳。直到1978年,美国国会通过了《民航放松管制法》,拆除了民航业的进入门槛,允许民航公司自主定价、选择国内航线。此举改变了民航业的制度格局,催生了众多的廉航公司,也开辟了更多的中短途新航线,为民航业的高速发展打下了基础。

随着人们收入的增长和民航票价的下降,20世纪80年代成为美国民航客运高速发展的时代。越来越多的美国城市开通了空中航线,更多的美国人选择航空旅行。1988年,美国主要民航公司的收费飞行总里程已经超过5310亿公里,比十年前增长了两倍还多。但是,2001年的"9·11"事件将美国航空业推入重灾区,为了挽救民航业,国会紧急通过了《空中交通安全与系统稳定法》,但即使如此,航空业仍然经历了5年的大萧条。

### (三) 交通运输与经济的适应性

后工业化发展阶段,即人均GDP在4000~10000美元及以上时,经济结构转向以高技术产业和服务业为主,主要受城市化规模不断扩大和企业分散性布局的影响,产品以高附加值化和轻型化为主,交通运输主要满足消费者小批量、多样性的需要。此时,货物运输总量处于相对比较稳定的状态,单位GDP产生的货物运输量明显减少,但运输服务要求更加可靠、快速、方便;随着城市化进程不断加快,客运量的增长速度普遍快于GDP增速,人们会对快速、安全、舒适、便利等方面提出更高的要求。这一阶段,伴随着综合交通运输体系的形成及稳定,交通运输与经济增长的关系也趋于稳定,处于总体适应的状态。

**1.客运发展与经济社会发展的关系**

1)旅客周转量与人口总量基本呈正向关系,且旅客周转量的增速大于人口总量的增速

从绝对数来看,美国旅客周转量和人口总量基本呈正向关系。1960—2020年美国人口总量呈缓慢增加趋势,同期旅客周转量也基本保持了增长的态势,2020年受疫情影响有较大下降。

从增速来看,美国人口增速的变化趋势较为稳定,美国旅客周转量的增速大于人口总量的增速,具体见图3-3、图3-4。

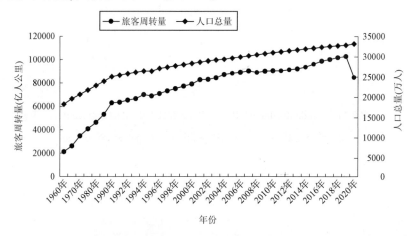

图3-3 美国旅客周转量与人口总量的关系(1960—2020年)

2)旅客周转量与GDP呈正向关系,且旅客周转量增速小于GDP增速

从绝对量来看,美国旅客周转量与GDP呈正向关系。美国GDP呈逐年增加的态势,从1960年的5433亿美元增加到2020年的208937亿美元,增加了37

倍,年均增速为6.4%;美国旅客周转量也从1960年的21315亿人公里增加到2019年的102904亿人公里,增加了3.8倍,年均增速为2.7%,见图3-5。

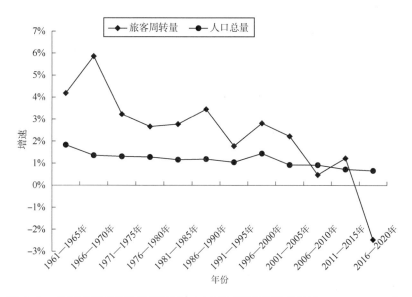

**图3-4 美国旅客周转量增速与人口总量增速的关系(1960—2020年)**

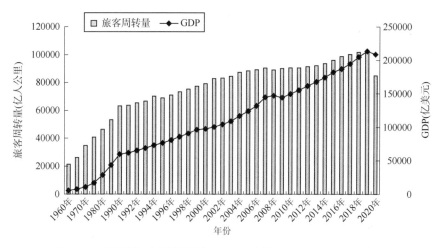

**图3-5 美国旅客周转量与GDP的关系(1960—2020年)**

从增长弹性来看,旅客周转量增速随着GDP增速的波动而波动,且旅客周转量增速小于GDP增速(图3-6)。分阶段来看,美国经济增速从1960—1980年的年均8.6%下降到1990—2020年的年均4.3%,相应的旅客周转量增速从4%下降到1%,经济增长对旅客周转量的弹性系数分别为0.46和0.23(表3-3)。经济高速增长阶段,经济增长对旅客周转量的弹性要高于经济平稳增长阶段。

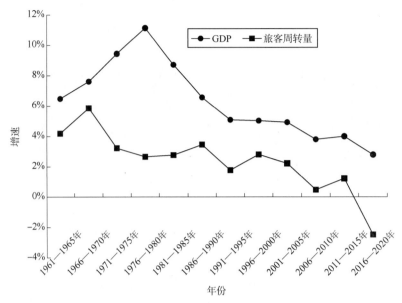

图 3-6 美国旅客周转量增速与 GDP 增速的关系（1961—2020 年）

美国经济增长与旅客周转量弹性系数关系表　　　　表 3-3

| 年份 | 旅客周转量增速 | GDP 增速 | 经济增长对旅客周转量弹性系数 |
|---|---|---|---|
| 1961—1965 年 | 4.2% | 6.5% | 0.65 |
| 1966—1970 年 | 5.9% | 7.6% | 0.77 |
| 1971—1975 年 | 3.2% | 9.4% | 0.34 |
| 1976—1980 年 | 2.7% | 11.1% | 0.24 |
| 1981—1985 年 | 2.8% | 8.7% | 0.32 |
| 1986—1990 年 | 3.5% | 6.6% | 0.53 |
| 1991—1995 年 | 1.8% | 5.1% | 0.35 |
| 1996—2000 年 | 2.8% | 5.0% | 0.56 |
| 2001—2005 年 | 2.2% | 4.9% | 0.45 |
| 2006—2010 年 | 0.5% | 3.8% | 0.12 |
| 2011—2015 年 | 1.2% | 4.0% | 0.31 |
| 2016—2020 年 | -2.5% | 2.8% | -0.89 |

3）旅客周转量与第三产业份额基本呈正向关系，且增长弹性系数基本呈线性相关

从绝对数来看，美国旅客周转量与第三产业份额基本上呈正向关系（图 3-7）。美国第三产业份额从 1960 年的 65% 增加到 2020 年的 80%，增加了 15 个百分

点。同期随着第三产业份额增加,旅客周转量也逐渐上升。

从增速来看,美国旅客周转量增速与第三产业份额增速呈正向关系,见图3-8。随着第三产业份额增速的上升,美国旅客周转量增速也呈上升趋势,且增长弹性系数基本呈线性相关。

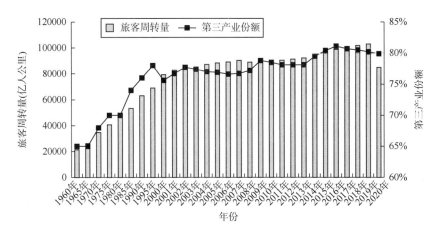

**图 3-7 美国旅客周转量与第三产业份额的关系(1960—2020年)**

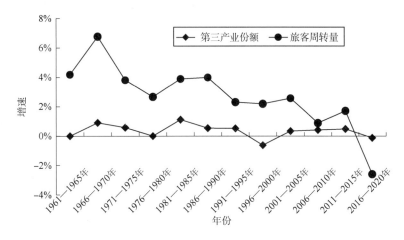

**图 3-8 美国旅客周转量增速与第三产业份额增速的关系(1961—2020年)**

**2.货运发展与经济社会发展的关系**

1)货物周转量的增速与经济增速的趋势基本吻合

美国货物周转量的增速与其经济增速的趋势基本吻合(图3-9)。美国经济的快速发展带动了货物周转量的增加。美国GDP从1980年的28625亿美元增加到2018年的205272亿美元,增加了6.2倍,年均增速为5.3%,在这一时期美国经济特征表现为平稳快速增长。而同期的货物周转量从41720亿吨英里增加到 52510 亿吨英里,年均增速为 0.6%。

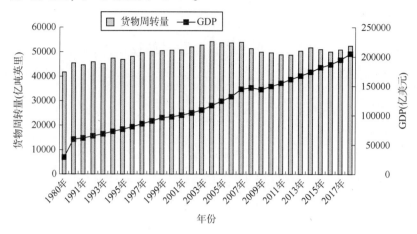

图 3-9 美国货物周转量与 GDP 的关系(1980—2018 年)

分阶段来看,美国经济增速从 1981—1990 年的年均 7.6% 下降到 2001—2018 年的年均 4.2%,相应的货物周转量增速从 0.86% 下降到 0.20%(图 3-10),经济增长对货物周转量的弹性系数分别为 0.11 和 0.05(表 3-4),呈下降趋势。

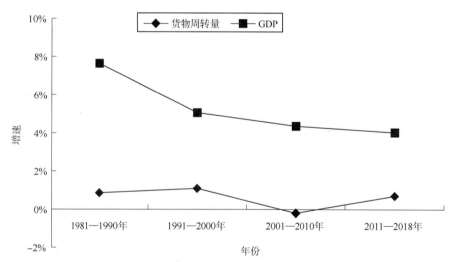

图 3-10 美国货物周转量增速与 GDP 增速的关系(1981—2018 年)

美国经济增长与货物周转量弹性系数关系表　　　表 3-4

| 年份 | 货物周转量增速 | GDP 增速 | 经济增长对货物周转量弹性系数 |
| --- | --- | --- | --- |
| 1981—1990 年 | 0.86% | 7.63% | 0.11 |
| 1991—2000 年 | 1.09% | 5.06% | 0.22 |
| 2001—2010 年 | -0.20% | 4.36% | -0.04 |
| 2011—2018 年 | 0.69% | 4.03% | 0.17 |

2)随着经济增速和工业比重的下降,货物周转量的增速不断下降

不但经济增长的总量对交通运输需求有影响,经济结构和产业结构的变化也对交通运输需求有很大影响。产业结构的调整与变动为美国带来了新的经济增长点,增强了美国的国际竞争力,以信息技术为核心的高新技术产业得到更大的发展。

美国工业在 1953 年达到顶峰,但可得的运量数据最早只到 1960 年,此时已经是工业比重开始下降的阶段。这个阶段,随着经济增速和工业比重的下降,货物周转量的增速不断下降(图 3-11、图 3-12)。

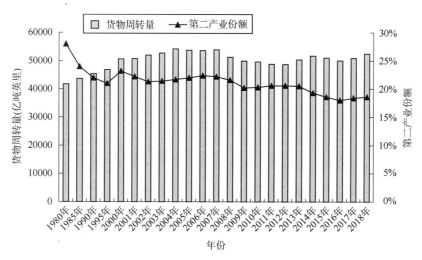

图 3-11 美国货物周转量与第二产业份额的关系(1980—2018 年)

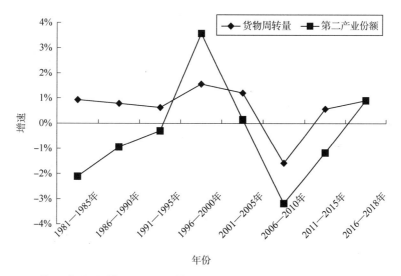

图 3-12 美国货物周转量增速与第二产业份额增速的关系(1981—2018 年)

## 第二节　日本的发展实践

### 一、工业化初始阶段

#### (一) 经济发展

幕藩体制下的日本以小农经济为主,经济存量小,自给自足。直至1868年,明治天皇开展明治维新改革运动,日本近代工业化开始,并在19世纪90年代初期初步实现了资本主义工业化。这个时期,日本机器大工业代替工厂手工业,资本主义制度确立,也称"日本工业革命"。明治政府推行的"殖产兴业"政策,涵盖农业、轻工业、商业、外贸等广泛领域,大力发展资本主义经济,标志着日本自上而下的近代工业化的开始。

1.完成以纺织业为主导轻工业的工业化(第一次产业革命)

明治初期,日本的工业主要是以手工为主的中小工业,后来受到欧美机器大工业的引进、新技术导入的影响和推动,传统的中小工业开始逐渐向机械化和工厂手工业转化。就整个工业体系而言,纺织业长期居于中心地位。在"殖产兴业"政策的推动下,到19世纪80年代中期,日本出现了早期产业革命的热潮,资本主义经济发展迅速。以纺织业为中心的工业部门开始了以实现资本主义工业化为目标的产业革命。纺织业的私人资本家异常活跃,纷纷开办近代企业。虽然日本的工业化是轻重工业几乎同时推进,但是,轻工业投资少、资金周转时间短、见效快的特点,决定了日本的轻工业先于重工业实现了工业化。大体上在1887年到1893年,以纺织业为中心的轻工业部门初步地实现了资本主义工业化。纺织业在从日本工业化过程开始到20世纪50年代中期以前,一直发挥着主导产业的作用。

2.重工业的工业化逐步完成,日本工业化基本完成(第二次产业革命)

日本通过战争迅速完成资本主义原始积累,工业化加速推进,轻工业更是提前实现工业化,国民经济发展迅速,国际贸易发展繁荣,并实现了贸易收超出支,财政收入大量增加。1905年赢得日俄战争后,日本在重工业、化学工业方面实现了大机械生产,日本的工业、建设业、交通运输业、商业服务业的产值在国民经济中所占的比重已经达到67.5%,日本的产业革命跨越了第一个阶段进入第二个阶段,重工业的工业化逐步完成,标志着日本工业化基本完成。

## (二)交通基础设施供给

由于幕府时期的历史原因,日本整体交通条件与交通相关技术非常落后。海运是日本客货运输最主要的方式,尤其是北海道、四国、九州以及各种偏远地区,如果脱离海运业则商品难以销往经济较为发达的地区。此时,日本应用的运输工具还是传统木帆船,运输组织效率低下,航运的运量与规模都非常小,不能够满足运输需要。

在此背景下,为了发展工业,日本通过各种政策手段和动用国库资金,以西方为样板,大力发展海运,全力以赴兴修铁路,支撑国内轻工业与重工业发展。作为"殖产兴业、富国强兵"国策重要一环,日本以英国为"范本",充分利用自然优势大力扶植发展海运业,提升船舶建造技术,蒸汽动力船舶总吨位显著提升。1875年到1887年,国产洋式轮、帆船500余艘,总吨位5.26万吨,超过同期进口总量(83艘,总吨位3.1万吨)。洋式轮、帆船的年存量,也由1870年的46艘、1.8万吨,增长到1887年的1284艘、13.3万吨。不到20年时间,运输能力增长7倍多。

与此同时,日本从英国引进了铁路交通系统与近代铁路修筑技术,大力兴建铁路基础设施。在明治政府大力推动下,日本掀起举国建设铁路的热潮。不过,因财力有限,铁路的发展并不快(表3-5)。19世纪80年代后,日本政府鼓励民间投资铁路建设,日本铁路交通系统有了更为显著的发展。1872年全国铁路只有17.69英里,1893年就增加到2039.6英里,增加了114倍,并逐渐形成了除官设铁道外的五大私铁企业:北海道炭矿铁道、日本铁道、山阳铁道、九州铁道、关西铁道。

**19世纪80年代以前通车铁路** 表3-5

| 线路 | 通车时间 |
| --- | --- |
| 东京—横滨铁路(日本历史上第一条铁路) | 1872年4月 |
| 大阪—神户铁路 | 1874年5月 |
| 大阪—京都铁路 | 1879年2月 |

## (三)交通运输与经济的适应性

工业化初始阶段,日本国民经济以纺织工业、重工业、化学工业为主,这些都属于劳动密集型产业,尤其是日本国土面积狭小,资源匮乏,所需要的能源与工业原料表现出强烈对外依赖性,对海外煤炭、矿石、钢铁产品等大批量、低附加值的大宗散货物运输有很大的需求。与此同时,外贸经济蓬勃发展,使得海运货物运输量快速增加,总的货物运输量的增长基本快于 GDP 增速,即货运弹性系数普遍大于或接近于 1,而单位 GDP 产生的货物运输量逐步上升。此时,由于收入水平偏低、运输基础设施和运输工具落后,人们出行频率较低、距离较短,客运弹性系数相对较低,旅客运输量增长较慢。

## 二、工业化快速发展并完成阶段

### (一)经济发展

**1. 第一次世界大战至第二次世界大战**

经济高速增长,战时出口型经济迅猛发展。第一次世界大战前,日本经济因一系列对外战争而获得巨大发展,逐步完成了工业化。参加第一次世界大战后,日本经济由此迎来了被称为"大战景气"的高速增长时期。第一次世界大战时期日本经济迅速发展最明显的标志是出口主导型经济的迅猛发展。日本出口额从 1914 年的约 6 亿日元快速增长至 1919 年的约 21 亿日元。

第一次世界大战带给日本的经济增长和产业发展,为 20 世纪 20 年代的日本经济带来了巨大变革。日本由农业国转变为工业国,跻身世界经济强国之列。1931—1937 年,日本工业增长的平均速度达 9.9%。

第二次世界大战期间,日本推行战时经济体制,整个国民经济完全服从、服务于战争,人民生活水平急剧下降,军事工业畸形膨胀,但是基础脆弱不堪。畸形的军事经济使日本的经济现代化不仅未能获得健康发展,反而出现了倒退,最终走向全面崩溃。轻重工业之间和工业中两大部类之间的比例严重失调。轻、重工业在工业生产总值中所占比重,1930 年分别为 64.5% 和 35.5%,1942 年则分别为 27.4% 和 72.6%。

**2. 第二次世界大战后至 20 世纪 80 年代**

第二次世界大战后,日本的产业受到了毁灭性的打击,面临粮荒、通货膨胀、失业人口众多等重大问题,经济陷于空前衰败的境地。第二次世界大战后至 20 世纪 80 年代,日本采用出口导向型经济政策促进经济发展。经过数十年的发展,产业结构由以轻工业为主导变为以重工业为主导。这一时期日本的经济及产业结构发展大致可分为两个阶段,如表 3-6 所示。

日本产业结构变迁与交通发展要求　　　　　表 3-6

| 时间 | 1945—1955 年 | 1956—1973 年 | 1974 年—20 世纪 80 年代 |
|---|---|---|---|
| 发展阶段 | 经济复兴期 | 高速增长期 | 低速增长期 |
| 产业政策 | 向工业倾斜 | 以重化工业为主 | 知识型产业发展倾向 |
| 交通发展要求 | 基础设施恢复性建设 | 网络化交通基础设施的大规模开发建设 | |
| 运输需求来源 | 第二产业发展 | 第二产业发展 | 第二产业发展 |
| 运输需求变化 | 增加 | 增加 | 增加 |

1) 1945—1955 年：战后经济重建时期，能源与重工业主导日本经济发展

经过第二次世界大战的严重破坏，日本工业生产急剧下降。1946 年，日本第一、二、三产业国民收入所占比重分别为 38.8%、26.3%、34.9%，与 20 世纪 20 年代的水平大致相当。为迅速扭转这种局面，日本政府制定了发展方针，指明恢复时期的主要任务是保证食品供应、防止灾害和保证能源供应。到 1955 年，日本经济总量、人均国民收入和各主要经济指标恢复到战前最高水平，三次产业结构为 19.2∶33.7∶47.1。

2) 1956 年—20 世纪 80 年代：经济高速增长与石油危机并存，"重化工业化"带动日本经济增长

1956 年起，日本经济从复兴期进入了经济增长阶段。1960 年，池田政府制定了《国民收入倍增计划》，标志高速增长时期的开始（图 3-13）。1968 年，日本 GDP 总量成为世界第 2 位。1956—1973 年，日本国内生产总值年均增速高达 9% 以上，日本从战争时期畸形的、封闭的工业化向符合规律的、开放的工业化转型，并开始实行"重化工业化"政策，钢铁、造船、冶炼和石油化学等重化工业成为经济增长的主要带动力量，并在沿海地区得到充分发展，工业化高速推进。1973 年，第一次石油危机爆发，国际油价暴涨，世界经济陷入低迷，几乎全部依赖进口原油的日本重工业受到很大冲击，制造业成本大幅上升，钢铁、造船、石油化学等行业增速迅速下滑。1974 年，日本实际 GDP 增速从上一年的 8% 骤降至 -1.2%。

(二) 交通基础设施供给

1. 第一次世界大战至第二次世界大战

这一时期，交通发展要求与日本军事发展需求紧密相关，交通运输的发展是全面为战时经济服务的。因这段时期的交通发展具有特殊性与不可借鉴性，此处不作深入探讨，重点分析第二次世界大战后近 80 年间日本经济社会发展与交

通发展要求。日本内陆交通发展以铁路系统为主,一战后至二战前这一段时期,日本铁路进入了高速的发展期,电气化、路面电车、地下铁等层出不穷。

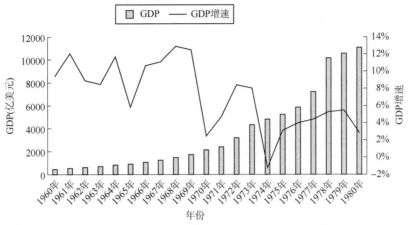

图 3-13　1960—1980 年日本 GDP 与 GDP 增速

2.第二次世界大战后至 20 世纪 80 年代

1)1945—1955 年:交通基础设施发展要求以恢复性建设为主,以满足国内生产生活物资以及能源的运输需求

战争中,日本交通基础设施损毁非常严重。因此,这一时期日本交通的发展要求主要是对遭受战争严重破坏的交通基础设施进行恢复性建设,以满足国内生产生活物资以及能源的运输需求。为此,20 世纪 40 年代初,日本提出了 5490 公里的高速汽车国道规划方案。

2)1956 年以后:重点解决日益增加的交通需求与基础设施能力不足间的矛盾,实施全国范围内交通基础设施的大建设大发展,实现地区间均衡的发展

战后初期,交通运输与经济发展的矛盾还没有充分暴露出来。自 1955 年经济规模超过战前水准后,交通运输明显地不能适应经济高速发展的要求,成为阻碍经济增长的一大薄弱环节。因此,这一时期,解决日益增长的交通需求与基础设施能力不足之间的矛盾,以及实现地区间均衡的发展,成为日本交通基础设施发展的主要要求。

自 1962 年起,日本 7 次全国综合开发计划贯穿了战后的经济高速增长期以及经济低速增长期,与之伴随的是交通大建设大发展。

(1)经济高速增长期

网络化交通基础设施的大规模开发建设,基本形成与产业基础相适应的综

合交通运输体系,支撑经济高速发展。日本的高速公路、新干线、机场、集装箱港口等大规模基础设施建设集中于 20 世纪 70 年代前后。这一时期,日本国内公路运输得到了快速发展,尤其是高速公路迅速发展,铁路竞争能力下降,逐渐让位于海运,航空运输也在这时逐渐形成体系,为后期的发展奠定了基础。

一是扩建港口,修建高速公路、新干线等快速交通基础设施,缓解经济发展中的交通瓶颈。为了更好地完善产业基地的必要布局和实现《国民收入倍增计划》,1962 年,日本制定了第一个全国综合发展计划,旨在建立新的工业城市,强调发展地方工业,以推动人口向地方城市回流。计划重点强调利用太平洋沿岸的京浜、中京、阪神、北九州四个主要工业区的产业基础,作为工业发展和贸易出口的核心地区,并使之有机联系,成为带动整个经济发展的主要力量。同时,由于交通是工业发展不可缺少的部分,改善这些地区的交通状况成为计划的重要内容。为了更好地实现经济发展目标,日本政府制定了重点改善港口和主要交通干线的任务,重点投资扩建港口,改善港口设施和服务设施。与此同时,集中修建了高速公路、电力机车铁路线,并着手建设东京至大阪的新干线,即东海道新干线。这些政策措施对于解决交通瓶颈、促进国民经济迅速发展起了至关重要的作用。

为克服 1965 年以来集装箱船只堵塞港口的现象,1967 年日本政府在东京湾和大阪湾分别成立了京浜外贸港口公团和阪神外贸港口公团,重点进行集装码头建设,大力推进了神户、千叶、横滨、名古屋、大阪、川崎和东京等港口的现代化改造,一批石油、矿石、谷物、汽车等专用船和专用搬运船、专用码头以及连接大城市、大工业地带的高速公路陆续有计划地建成。

二是通过大规模工程和技术革新发展高速交通线路,形成新的全国范围内的交通网络。1969 年,面对人口、产业仍然不断向大城市聚集、人口分布不均的新问题,日本制定了第二次全国综合开发计划,进行大规模项目开发,目的在于利用大规模发展的优势,发展远离人口集中和工业区的偏远地区的经济,以提高整个国家的发展潜力,使中央集中控制作用整体化,纠正人口和土地利用上的不合理配置。为了实现上述发展目标,新的全国综合发展计划提出通过大规模工程和技术革新发展高速交通线路,建设新干线、高速公路等网络化的交通设施,特别提出了完善全国性航空网络、全国性高速铁路干线网络、高速公路、国际机场、国内基础港口和国际港口等措施,以形成新的全国范围内的交通网络,期望通过推进城市间大规模的交通设施供给,解决国土利用中人口分布不均的问题。为了配合计划的实施,1970年,日本颁布实施《全国建设新铁路干线法》,随后又制定了大规模的交通工程计划,包括修建东北和上越新干线、青函隧道和连接本州、四国的大桥以及对这些工程的评价工作。这些交通工程的实施有力地支持了日本经济的高速增长。

(2) 经济低速增长期

建立全国范围内的更密集的综合高速交通网络,振兴地方城市经济。为了适应经济低速增长期的新形势,1977年日本制定了第三个全国综合发展计划,其发展目标是:以有限的国土资源为前提,改造人的生存环境,尊重地方的历史和传统文化,发展人与自然之间的协调关系。围绕着计划发展目标,此时期的交通运输任务主要是力求改变集中在东京地区的交通干线体系,建设以市中心为核心的放射状交通干线以及连接各地区中心的交通干线,建立全国范围内的综合主干线结构和纵横交错的支线,包括陆地、航空和航海交通网,抑制产业和人口向大城市集中,振兴地方城市,进一步解决人口分布不均问题,形成土地利用均衡的人居环境。

(三) 交通运输与经济的适应性

1. 第一次世界大战至第二次世界大战

第一次世界大战至第二次世界大战期间,日本交通发展致力于满足战时经济要求,全面为战时经济服务,此处不作深入探讨。

2. 第二次世界大战后至20世纪80年代

1) 旅客周转量与GDP呈正向关系,且旅客周转量增速略小于GDP增速

从绝对量来看,日本旅客周转量与GDP呈正向关系(图3-14)。日本GDP呈逐年增加的态势,从1960年的443亿美元增加到1980年的11053亿美元,增加了约24倍,年均增速为17.5%。日本旅客周转量也从1960年的2430亿人公里增加到1980年的7820亿人公里,增加了2.2倍,年均增速为6.0%。

从增速来看,旅客周转量增速随着GDP增速的波动而波动(图3-15)。分阶段来看,1960—1973年经济快速增长阶段的旅客周转量增速为7.8%,明显高于全球石油危机后的增速(2.6%)。经济高速增长阶段,经济增长对旅客周转量的弹性要高于经济平稳增长阶段。

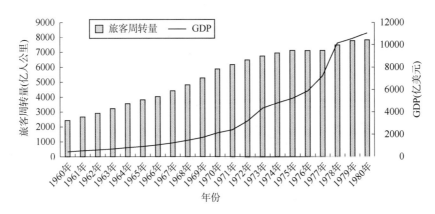

**图 3-14　日本旅客周转量与 GDP 的关系（1960—1980 年）**

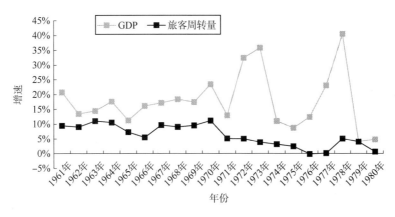

**图 3-15　日本旅客周转量增速与 GDP 增速的关系（1961—1980 年）**

2）货物周转量的增速与其经济增速的趋势基本吻合

1955—1965 年是日本战后工业化进程发展最快的阶段,相对于年均 9% 以上的 GDP 增长速度,货物总运输量年均增长速度超过 8%。相对于 1965—1975 年年均 6% 的 GDP 增速,货物周转量年均增长速度接近 6%。而相对于 1975—1995 年年均 3.5% 左右的 GDP 增长而言,货物周转量及电力消费需求的增长速度也随之明显下降,年均增速分别只有 2.2% 和不到 4%。由此可见,日本基础设施需求的快速增长与工业化、城镇化进程之间存在典型的正相关关系。

## 三、后工业化时期

### (一) 经济发展

20 世纪 80 年代之后,日本从第二产业主导变为以第三产业为主导,成功完成了转型,基本按照由第一产业向第二产业并最终向第三产业发展的典型过程。

1981—2021年日本GDP与GDP增速见图3-16。

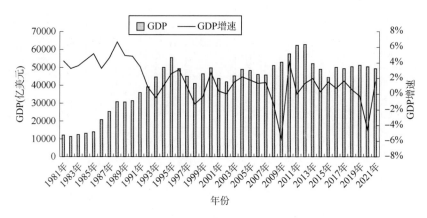

图3-16 日本GDP与GDP增速(1981—2021年)

1)20世纪80—90年代：经济低速增长，资本密集型产业向知识密集型产业结构转型

20世纪80年代初，在信息化的全球大趋势下，电子信息产业成为日本成长产业，一般机械和电器的出口已经超过了钢铁、化工和船舶的总和。20世纪80年代后，整个日本社会经济又出现了一系列新的变化，随着新技术革命、三大城市人口减少，信息化趋势又重新上升，日本信息技术产业适应了20世纪80年代中后期全球信息技术产业高速增长的发展要求，抓住了新的发展机遇。到1990年，一般机械和电器的出口额已经几乎占到日本全部工业品出口额的一半。经过产业结构的调整，日本在全球分工体系和全球价值链中的位势不断提高。1985年，美、日等国家签署了"广场协议"，揭开日元急剧升值的序幕。尽管如此，日本继续维持了近7年的经济高速增长与繁荣。经过一段调整后，日本率先走出危机，但从此经济增速明显放缓，这一时期日本实际GDP年均增速约为4.5%。

2)1990—2000年：经济连续低速甚至负增长时期，深刻调整经济结构和产业政策

20世纪90年代，日本经济泡沫破裂，日本经济陷入了以通货紧缩为主要特征的长期停滞阶段。国民财富迅速缩水，房地产价格的持续下跌，造成大量坏账，引起金融危机，加之实体经济因之前的超常规模的设备投资而严重过剩，导致供给严重过剩，需求空前萎缩。国内供给过剩，有效需求不足，重创了日本经济。自泡沫经济破灭之后，日本经济进入长期萧条期，十多年间经济增长始终徘徊在衰退与复苏的边缘，经济的平均增长速度为1.75%，通货膨胀率为0.57%。

3) 进入21世纪：日本经济重新进入恢复性增长阶段

日本国内的政治、经济和文化发展都产生了巨大变化，产业结构更加合理，高新技术产业逐步取代传统加工业，粗放型产业开始转移至国外。在外贸构成中，资本和技术输出占比较高，第三产业和现代服务业为社会经济发展储备了充沛的动力。

### (二) 交通基础设施供给

经过20世纪70年代以来的交通建设，日本交通系统已经基本满足经济社会发展需要。随着经济连续低速甚至负增长时期的到来，并且受环境问题、资源问题、人口问题等影响，使得提升交通运输效率、改善运输服务品质、充分满足社会经济发展的现实需求、开拓更为广阔的发展空间、节省资源和能源消耗、减少环境污染、营造良好的交通运输和社会生活环境成为日本发展的主要要求。

公路方面，20世纪80年代之后，交通结构出现明显变化，铁路和公共汽车运输比重下降，小汽车化的趋势不断增加，对公路交通的需求明显增加，国内旅客运输开始减少。1987年日本国土交通省发布的《第四次全国综合开发规则》确定了21世纪日本的国土结构目标：建立全国范围内的更密集的综合高速交通网络。针对21世纪国土结构的设想和交通需求，同年5月的日本内阁会议决定将1966年法定的7600公里高速公路扩展到1.4万公里，并更名为"高标准干线公路"。截至2021年初，日本的公路总里程为121万公里，排名世界第五；高速公路里程为7803公里，排名世界第八。

铁路方面，30余年间，新干线线路不断扩展，逐渐延伸至日本本州岛、九州岛的大部分地区(表3-7)。截至2020年，日本新干线运营里程已达2765公里左右，新干线铁路网已遍及山阳、东北、上越、北陆、北海道等地并且正向日本全国辐射；在九州、北陆和北海道等地，新干线的延长工程也正在逐步推进。当在建、计划建设及未来规划建设的高速铁路建成后，日本将形成较完整的新干线高速铁路网。

**2000年以后开通的新干线** 表3-7

| 名称 | 线路 | 开通时间 |
|---|---|---|
| 东北新干线 | 盛冈—八户 | 2022年12月 |
| 东北新干线 | 八户—新青森 | 2010年12月 |

续上表

| 名称 | 线路 | 开通时间 |
|---|---|---|
| 东北新干线 | 长野—金泽 | 2015年3月 |
| 九州新干线 | 新八代—鹿儿岛 | 2004年3月 |
| 九州新干线 | 博多—新八代 | 2011年3月 |
| 北海道新干线 | 新青森—新函馆—北斗 | 2016年3月 |

航空方面,日本已建成的国家中心机场共有5座,即东京成田国际机场、东京羽田国际机场、名古屋中部国际机场、大阪关西国际机场和大阪伊丹国际机场。五座中心机场均位于日本三大都市圈。

水运(港口)方面,日本全国已建成大小港口994个。其中,最主要港口(国际战略港)有6个,千叶港、横滨港、川崎港、东京港在东京湾内,大阪港、神户港在大阪湾。

进入21世纪后,日本现代化综合运输体系已经基本形成并逐步步入成熟阶段。交通需求的增长大大减缓,交通瓶颈已经不复存在。随着日本经济进入连续低速甚至负增长阶段,以及受人口减少的影响,大规模的国土开发建设时期已成过去,进入生态都市、网络城市和紧缩城市发展期。现代化发展背景下,日本交通关注重点开始转向交通运输的安全性、及时性、便捷性和高效性,对资源节约和环境保护也更为关注。

### (三) 交通运输与经济的适应性

根据日本国土交通省统计数据,自2000年起,日本客运量稳定在300亿人次左右,其中铁路运输占比最高,达到80%左右,其次为公路,航空占比最低;营业性货运量维持在30亿吨左右,其中公路运输占比最高,达到80%~90%,其次为水运,占比10%左右,铁路占比1%~2%,航空占比最低,仅为0.1%。

#### 1.客运发展与经济社会发展的关系

1) 旅客周转量与人口总量基本呈正向关系,且旅客周转量的增速波动小于人口总量的增速波动

从绝对数来看,日本旅客周转量和人口总量基本呈正向关系。日本总人口从2008年的约1.28亿人的顶点开始减少,同时人口年龄构成趋向老化。20世纪80—90年代,日本旅客周转量呈现逐年增长的趋势,20世纪后,旅客周转量基本维持在固定的水平,见图3-17。

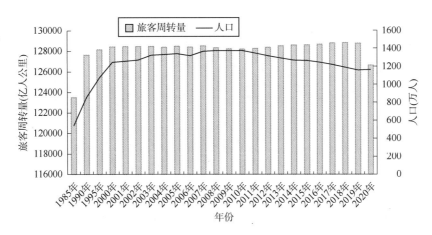

**图3-17 日本旅客周转量与人口总量的关系(1985—2020年)**

从增速来看,日本旅客周转量的增速波动小于人口总量的增速波动,旅客周转量基本保持稳定,人口逐渐趋于负增长,具体见图3-18。

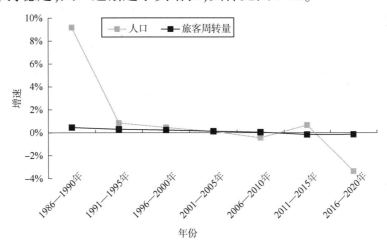

**图3-18 日本旅客周转量增速与人口总量增速的关系(1986—2020年)**

2)旅客周转量与GDP呈正向关系,且旅客周转量的增速与经济发展速度呈正比例

从绝对量来看,日本旅客周转量与GDP呈正向关系。从日本经济低速发展、经济连续低速甚至负增长、恢复增长这三个时期的国内旅客运输的变化情况来看,旅客周转量与GDP有着直接联系。旅客周转量从1981年的约7900亿人公里增加到2020年的约12000亿人公里,增加了0.52倍,年均增速为1.2%。同样,日本GDP也呈现增加的态势,从1981年的12189.9亿美元增加到2020年的50401.1亿美元,增加了4.1倍,年均增速为1.7%,见图3-19。

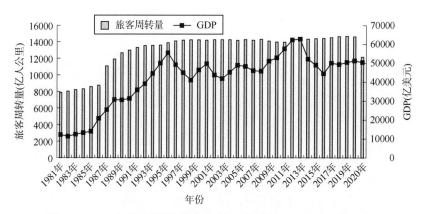

图 3-19　日本旅客周转量与 GDP 的关系（1981—2020 年）

从增速来看，日本国内旅客运输周转量的增速与经济发展速度呈正比例，而且在这 3 个时期都低于经济发展速度。日本经济低速发展时期，经济活动较为频繁，参与经济活动的客流量缓慢增长。经济连续低速甚至负增长时期，参与经济活动的客运量相对减少，而且信息技术的大发展也使客运增速降低。恢复增长时期，经济缓慢增长或停滞，客运需求维持在相对固定的水平，受到新冠疫情影响，2020 年旅客周转量有较大幅下降。

3）旅客客运量与 GDP 呈弱正向关系，且旅客客运量的增速与经济发展速度呈正比例

2000 年起，日本总客运量在 300 亿人次左右波动，各运输方式的占比也维持在固定的水平。2020 年，受到新冠疫情的影响，客运量呈现出明显的下降趋势，GDP 维持在 50000 亿日元左右水平，见图 3-20、图 3-21、表 3-8。

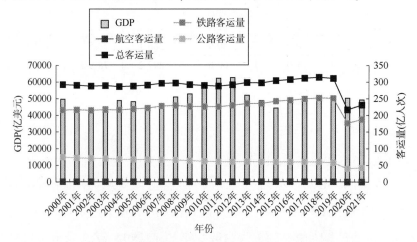

图 3-20　日本客运量与 GDP 的关系（2000—2021 年）

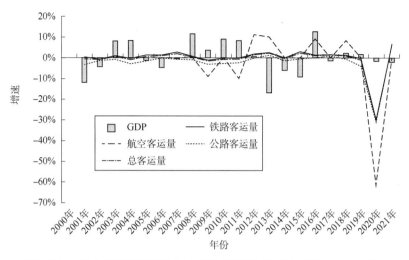

图 3-21　日本客运量增速与 GDP 增速的关系（2000—2021 年）

2000—2021 年日本客运量　　表 3-8

| 年份 | 铁路客运量（亿人次） | 航空客运量（亿人次） | 公路客运量（亿人次） | 合计（亿人次） | 铁路占比 | 航空占比 | 公路占比 |
| --- | --- | --- | --- | --- | --- | --- | --- |
| 2000 年 | 216.5 | 1.1 | 74.9 | 292.5 | 74.0% | 0.4% | 25.6% |
| 2001 年 | 217.2 | 1.1 | 72.4 | 290.7 | 74.7% | 0.4% | 24.9% |
| 2002 年 | 215.6 | 1.1 | 71.4 | 288.1 | 74.8% | 0.4% | 24.8% |
| 2003 年 | 217.6 | 1.1 | 70.8 | 289.5 | 75.2% | 0.4% | 24.5% |
| 2004 年 | 216.9 | 1.1 | 68.7 | 286.7 | 75.7% | 0.4% | 24.0% |
| 2005 年 | 219.6 | 1.1 | 67.6 | 288.3 | 76.2% | 0.4% | 23.4% |
| 2006 年 | 222.4 | 1.1 | 67.5 | 291.0 | 76.4% | 0.4% | 23.2% |
| 2007 年 | 228.4 | 1.1 | 67.0 | 296.5 | 77.0% | 0.4% | 22.6% |
| 2008 年 | 229.8 | 1.1 | 66.3 | 297.2 | 77.3% | 0.4% | 22.3% |
| 2009 年 | 227.2 | 1.0 | 64.2 | 292.4 | 77.7% | 0.3% | 22.0% |
| 2010 年 | 226.7 | 1.0 | 62.4 | 290.1 | 78.1% | 0.3% | 21.5% |
| 2011 年 | 226.3 | 0.9 | 60.9 | 288.1 | 78.5% | 0.3% | 21.1% |
| 2012 年 | 230.4 | 1.0 | 60.8 | 292.2 | 78.9% | 0.3% | 20.8% |
| 2013 年 | 236.1 | 1.1 | 61.5 | 298.7 | 79.0% | 0.4% | 20.6% |
| 2014 年 | 236.0 | 1.1 | 60.6 | 297.7 | 79.3% | 0.4% | 20.4% |
| 2015 年 | 242.9 | 1.1 | 60.3 | 304.3 | 79.8% | 0.4% | 19.8% |
| 2016 年 | 246.0 | 1.2 | 60.3 | 307.5 | 80.0% | 0.4% | 19.6% |
| 2017 年 | 249.7 | 1.2 | 60.8 | 311.7 | 80.1% | 0.4% | 19.5% |
| 2018 年 | 252.7 | 1.3 | 60.4 | 314.4 | 80.4% | 0.4% | 19.2% |
| 2019 年 | 251.9 | 1.3 | 58.0 | 311.2 | 80.9% | 0.4% | 18.6% |
| 2020 年 | 176.7 | 0.5 | 40.0 | 217.2 | 81.4% | 0.2% | 18.4% |
| 2021 年 | 188.1 | 0.5 | 42.7 | 231.3 | 81.3% | 0.2% | 18.5% |

数据来源：日本国土交通省。

## 2. 货运发展与经济社会发展的关系

### 1)货物周转量的增长速度与实际 GDP 的发展速度一致

20 世纪 80 年代之后,在经济发展的三个不同时期,日本货物运输的发展呈现出不同的特点。

在 20 世纪 80 年代以质的提高为主的经济低速发展时期,货物运输的增速不仅大大下降,而且比实际 GDP 的增速低得多(图 3-22)。即使在经济保持较高速发展的条件下,以质的提高为主的经济发展时期,国内货物运输的增速也低于实际 GDP 的增速。因为经济发展的知识密集化,产品的"轻、薄、短、小"化,以及第三产业的发展,造成对货物运输的需求量相对减少。在经济维持低速增长甚至负增长的十年中,货物周转量增速的变化趋势与 GDP 增速变化趋势基本一致;在 2000 年以后的经济恢复时期,经济稳定增长,货物周转量也呈上升趋势(图 3-23)。

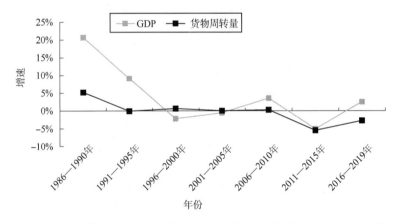

图 3-22　日本货物周转量增速与 GDP 增速的关系(1986—2019 年)

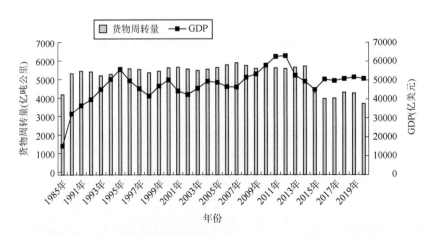

图 3-23　日本货物周转量与 GDP 的关系(1985—2020 年)

分阶段来看,日本经济增速从 1986—1990 年的年均 4.7% 下降到 1991—2000 年的年均 4.2%,相应的货物周转量增速也从 7.8% 下降到 5%。经济恢复阶段,经济增长对货物周转量的弹性高于经济低速增长和负增长阶段。

2) 货运量增长速度与实际 GDP 的发展速度一致

经济恢复阶段,日本货运量与 GDP 增长呈现正相关性,各方式货运量与总货运量的变化趋势均与 GDP 变化趋势相一致(图 3-24)。货物运输有力支撑了日本经济的增长,经济的增长也促进了日本的运输需求(表 3-9、图 3-25)。

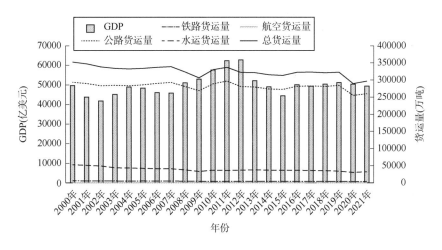

图 3-24　日本货运量与 GDP 的关系(2000—2021 年)

2000—2021 年日本货运量　　　　表 3-9

| 年份 | 铁路货运量（万吨） | 航空货运量（万吨） | 公路货运量（万吨） | 水运货运量（万吨） | 合计（万吨） | 铁路占比 | 航空占比 | 公路占比 | 水运占比 |
|---|---|---|---|---|---|---|---|---|---|
| 2000 年 | 5927.4 | 211.6 | 293269.6 | 52736.7 | 352145.3 | 1.7% | 0.1% | 83.3% | 15.0% |
| 2001 年 | 5866.8 | 188.8 | 289833.6 | 51126.8 | 347016.0 | 1.7% | 0.1% | 83.5% | 14.7% |
| 2002 年 | 5659.2 | 201.6 | 283017.3 | 49088.0 | 337966.1 | 1.7% | 0.1% | 83.7% | 14.5% |
| 2003 年 | 5360.2 | 206.9 | 284391.1 | 43814.6 | 333772.8 | 1.6% | 0.1% | 85.2% | 13.1% |
| 2004 年 | 5221.9 | 221.3 | 283312.2 | 43324.9 | 332080.3 | 1.6% | 0.1% | 85.3% | 13.0% |
| 2005 年 | 5247.3 | 220.4 | 285825.8 | 42334.8 | 333628.3 | 1.6% | 0.1% | 85.7% | 12.7% |
| 2006 年 | 5187.2 | 223.7 | 289964.2 | 41374.7 | 336749.8 | 1.5% | 0.1% | 86.1% | 12.3% |
| 2007 年 | 5085.0 | 230.1 | 292792.8 | 40748.1 | 338856.0 | 1.5% | 0.1% | 86.4% | 12.0% |
| 2008 年 | 4622.5 | 231.5 | 280866.4 | 37629.2 | 323349.6 | 1.4% | 0.1% | 86.9% | 11.6% |
| 2009 年 | 4325.1 | 211.1 | 268655.6 | 33040.8 | 306232.6 | 1.4% | 0.1% | 87.7% | 10.8% |
| 2010 年 | 4362.8 | 228.3 | 288824.3 | 36541.8 | 329957.2 | 1.3% | 0.1% | 87.5% | 11.1% |
| 2011 年 | 3982.7 | 195.3 | 296608.5 | 35990.1 | 336776.6 | 1.2% | 0.1% | 88.1% | 10.7% |
| 2012 年 | 4234.0 | 204.6 | 280996.1 | 36477.4 | 321912.1 | 1.3% | 0.1% | 87.3% | 11.3% |

续上表

| 年份 | 铁路货运量（万吨）| 航空货运量（万吨）| 公路货运量（万吨）| 水运货运量（万吨）| 合计（万吨）| 铁路占比 | 航空占比 | 公路占比 | 水运占比 |
| --- | --- | --- | --- | --- | --- | --- | --- | --- | --- |
| 2013年 | 4410.1 | 212.8 | 279139.7 | 37658.3 | 321420.9 | 1.4% | 0.1% | 86.8% | 11.7% |
| 2014年 | 4342.4 | 232.6 | 273750.0 | 36714.3 | 315039.3 | 1.4% | 0.1% | 86.9% | 11.7% |
| 2015年 | 4321.0 | 232.2 | 272185.6 | 36409.8 | 313148.6 | 1.4% | 0.1% | 86.9% | 11.6% |
| 2016年 | 4408.9 | 243.3 | 281407.8 | 36313.0 | 322373.0 | 1.4% | 0.1% | 87.3% | 11.3% |
| 2017年 | 4517.0 | 266.7 | 282436.0 | 35866.4 | 323086.1 | 1.4% | 0.1% | 87.4% | 11.1% |
| 2018年 | 4232.1 | 237.8 | 281120.9 | 35282.3 | 320873.1 | 1.3% | 0.1% | 87.6% | 11.0% |
| 2019年 | 4266.0 | 223.6 | 284203.3 | 33987.6 | 322680.5 | 1.3% | 0.1% | 88.1% | 10.5% |
| 2020年 | 3912.4 | 178.3 | 255051.5 | 30433.8 | 289576.0 | 1.4% | 0.1% | 88.1% | 10.5% |
| 2021年 | 3891.2 | 223.0 | 260205.2 | 32375.8 | 296695.2 | 1.3% | 0.1% | 87.7% | 10.9% |

数据来源：日本国土交通省。

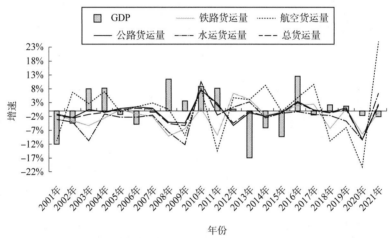

图3-25　日本货运量增速与GDP增速的关系（2001—2021年）

## 第三节　德国的发展实践

### 一、前工业化阶段

#### （一）经济发展

在中世纪，德国的主要经济形式为封建领地制经济，即封建领主占有土地、奴役农奴和依附农的经济形式。这种形式起初扩大了领地内的生产能力，促进了农业同工商业的社会分工。14—16世纪，随着商品货币经济的发展，领主的贪欲激增。在西德意志和南德意志，领主们竭力把农奴制扩大到依附农身上，把自由农民统统变成依附农,导致在这些地区爆发了农民战争。

18世纪末、19世纪初,无论是西德意志盛行的封建领地制经济,还是东德意志盛行的领主庄园制经济,都迅速解体。拿破仑入侵普鲁士的战争、1807年开始的普鲁士农奴制改革和工业化的开始,都沉重地打击了封建领主阶级。西部的封建领地开始转变为资本主义的大地产,东部的封建庄园则缓慢地转化为容克式的资本主义农庄。

在这个阶段,德国选择了普鲁士道路,它是在农业中用资本主义经营方式代替封建主义经营方式的改良道路。在注重发展军事的同时,也注重工商业和对外贸易的发展。德意志向北出海的主要河流(如莱茵河、威悉河、易北河、奥得河)都流经勃兰登堡的领地,这就使普鲁士拥有了一个发展经济的有利地理位置。而普鲁士的历代统治者也把工商业看成是一种重要财富,他们开凿运河、修桥筑路、统一币制、实行保护关税的措施来发展经济。普鲁士还注重开拓海外市场,在1788年就向英国出口了1.1万多吨生铁。

**(二)交通基础设施供给**

在这个阶段,运输需求量较小,且主要依靠自然力量。以汉堡港和莱茵运河为例介绍这个阶段的交通运输状况。

汉堡港起始于9世纪。为了保护穿越易北河口附近的阿尔斯特沼泽地的贸易路线,建造了一个防御工事,有利的地理位置有利于船舶停泊设施的建设。弗里德里希·巴巴罗萨皇帝1189年5月7日的特许状赋予了汉堡在易北河下游直至北海的免税贸易特权。通往世界的大门就此打开,因此,该特许状颁布的日期被视为汉堡港的诞生日。

1321年加入汉萨同盟是汉堡港另一个发展的里程碑。汉堡在这个城市联盟中占有特殊地位,其贸易活动面向西方,面向北海地区。该城市在英格兰和佛兰德斯获得了特权,并在伦敦、布鲁日、阿姆斯特丹、斯堪的纳维亚半岛北部和德国腹地建立了贸易站。由于经济状况良好,人口迅速增长,从1375年的8000人增加到1450年的16000人。汉萨同盟的主要贸易货物为盐、青鱼、咸肉、粮食、酒类、呢绒、羊毛、毛皮、牲畜、草木灰、鲸油、木材、大麻、树脂、蜂蜡、弓料、桶板、铁、铜、锡等金属制品,联系了原料产地与制成品产地。14世纪晚期和15世纪早期是汉萨同盟的鼎盛时期,虽然其商站只局限于波罗的海、北海和俄罗斯,但是其商船却远及法国、西班牙和葡萄牙,从南欧运来橄榄油、水果、酒和盐。

汉堡港与美国的直接贸易始于1782年,与此同时其他海外贸易航线也被打开。到1799年,已有280艘船悬挂着汉堡港的旗帜。拿破仑时期的战争和大陆封锁造成了经济低迷,但从1814年开始,贸易迅速恢复。1816年,英国的第一艘蒸汽船"湖上夫人"号抵达了汉堡港。

莱茵河是德国最长的河流。莱茵河流经德国的部分长度为865公里,流域面积占德国总面积的40%,是德国的摇篮。从历史和货运量上来说,莱茵河在世界诸河流中是无可比拟的商业运输大动脉。自莱茵河流域并入罗马帝国版图后,莱茵河就是欧洲最重要的运输线路之一。罗马人曾有一支莱茵河运输船队。随着中世纪贸易的兴起,莱茵河的重要性急遽增加,因为当时道路不佳,贸易要尽可能靠水路运输。

(三) 交通运输与经济的适应性

在前工业化阶段,德国经济主要形式为封建领地制经济和领主庄园制经济,除农业外,工商业和对外贸易也有了初步的发展,交通运输需求量较少,莱茵运河和汉堡港支撑了这一阶段的经济发展与贸易往来。

## 二、工业化阶段

### (一) 经济发展

德国产业的变革是从纺织工业开始的。到1846年,关税同盟各邦已有313家纱厂和75万枚机械纺锭,普鲁士的毛纺业有45万枚机械纺锭。手工生产在整个纺织业中占统治地位。冶金业开始使用煤炭炼铁,建设了使用焦煤的高炉,采用搅拌法炼铁等新技术,煤和铁产量都有很大增长。采用的蒸汽机也在增多,1846年共有1139台(2.17万匹马力❶)。

19世纪50—60年代,轻工业和重工业都迅速增长。工业棉花消费量和机器织布机数量各增加几倍,工厂制度在棉纺织业和缫丝产业已占统治地位。蒸汽机得到普遍应用。在国家资助下进行了大规模的铁路建设,这刺激了煤铁工业的技术革新和机器制造业的成长。煤矿中开始大量采用蒸汽机,黑色冶金方面广泛利用焦煤以及引进贝塞麦炼钢法和托马斯炼铁法等新技术。1861年,机器

---

❶ 马力是欧美国家常用的功率单位。马力有英制与公制之分。1英制马力=745.7瓦特,1公制马力=735瓦特。为与外文资料保持一致,此处不做换算。

制造厂的工人总数近 10 万,有些机器工厂的规模已不亚于英国的同类工厂。1850—1870 年,德国的蒸汽机动力由 26 万匹马力增至 248 万匹马力,煤产量由 670 万吨增至 3400 万吨,生铁产量由 21 万吨增至 139 万吨,钢产量由 6000 吨增至 17 万吨。1870 年,德国境内先进地区已基本上完成了产业革命,德国在世界工业总产量中的比重升到 13.2%,超过了法国,从而进入先进资本主义国家的行列。德国的人口也从 1850 年的 3500 万快速增长至 5700 万。

### (二)交通基础设施供给

在这个阶段,由于对大宗货物运输需求的快速增长,德国的交通运输也在加速发展,铁路、运河得到了快速发展。

1835 年德国建造的第一条铁路通车,它从纽伦堡到菲尔特,全程 6 公里,拉开了德国修建铁路的序幕。在 1866—1870 年,社会投资的 70% 被用来修建铁路,总里程达到 2443 公里。铁路工程带动了德国钢铁、机械、商业、金融发展,帮助德国迅速从农业国转变为欧洲工业强国,让德国在欧洲工业革命中后来居上。

第二次世界大战后,德国铁路路网规模大为缩小。1964 年,德国提出铁路网扩建改造计划,对既有线进行了为期多年的现代化改造。1971 年,汉诺威—维尔茨堡高速铁路的开工建设,拉开了德国高速铁路建设的序幕。

基尔运河,又名北海—波罗的海运河,是德国境内沟通北海与波罗的海的重要水道。德国修建这条运河,原为避免军舰绕道丹麦半岛航行。基尔运河的开通极大地缩短了北海与波罗的海之间的航程,比绕道厄勒海峡—卡特加特海峡—斯卡格拉克海峡减少了 370 海里。基尔运河于 1887 年动工,于 1895 年 6 月 21 日建成通航。运河自易北河口的布伦斯比特尔科格到基尔湾的霍尔特瑙,全长 98.6 公里,两端各建有船闸两座。

自 1895 年建成以来,基尔运河是仅次于巴拿马运河和苏伊士运河的世界第三繁忙的运河,但是随着德国的快速发展,运河的通行能力不足以满足运输需求,因此于 1907—1914 年进行了扩建。

### (三)交通运输与经济的适应性

在工业化阶段,开始于纺织工业,德国的轻工业和重工业都呈现出迅速增长的趋势,早期天然的运河和港口能力不足以满足大宗货物运输需求快速增长的需要,因此铁路、运河得到了快速发展。这个阶段,铁路帮助德国迅速从农业国转变为欧洲的工业强国,助力德国在欧洲工业革命中后来居上。

## 三、后工业化阶段

### (一)经济发展

德国的产业革命于19世纪末期结束,在此之后德国经历了两次世界大战与东德、西德的分裂。在这个阶段,经济社会的发展极为缓慢,甚至有所退步,但是在此之后,德国回到了健康发展的正轨。

德国经济社会主要指标变化情况如下:德国人口从1960年的7281万人增长到2021年的8313万人,60年间增长约14%(图3-26);GDP从1970年的2158亿美元增长至2021年的42231亿美元,增长近19倍(图3-27);三产比例从1991年的1∶34∶65变成1∶27∶72,第三产业比例有所升高,第二产业比例有所降低(图3-28)。

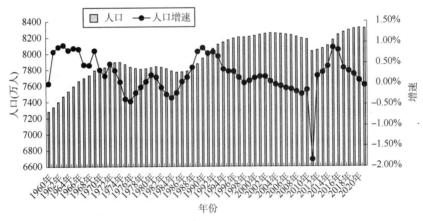

图3-26　德国人口及其增速变化(1960—2021年)

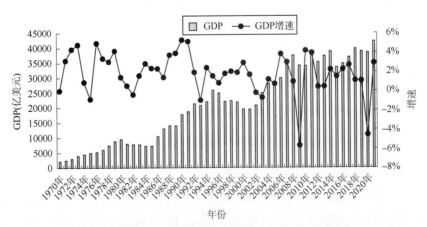

图3-27　德国GDP及其增速变化(1970—2021年)

第三章　国外交通与经济协同发展实践及经验　49

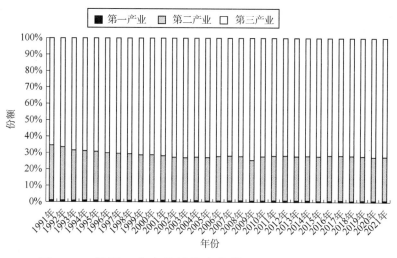

图 3-28　德国三次产业结构变化情况（1991—2021 年）

1. 旅客运输需求特征

旅客周转量呈现逐年增长但增速逐步放缓的趋势，增速基本保持稳定低速。从绝对值看，2004—2019 年德国旅客周转量呈现逐年增长的趋势，旅客周转量从 2004 年的 935.08 亿人公里增加到 2019 年的 1131.99 亿人公里，增加了 1.2 倍（图 3-29）。从增速变化看，德国旅客周转量增速基本在 1% 左右波动。

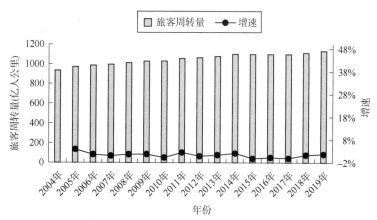

图 3-29　德国旅客周转量及其增速变化（2004—2019 年）

2. 货物运输需求特征

货物周转量总体呈现不断增长且增速平稳的趋势。从绝对值看，1970—2019 年德国货物周转量呈现波动增长的趋势，从 1970 年的 2124 亿吨公里增长到 2019 年的 4964 亿吨公里，近 50 年间增加了 1.34 倍（图 3-30）。个别年份（如 2009 年由于受到经济危机的影响）货物周转量出现了一定程度的下降。从增速变化看,德国货物周转量增速呈现总体平稳但受外部因素影响个别年份波动较大的特点。

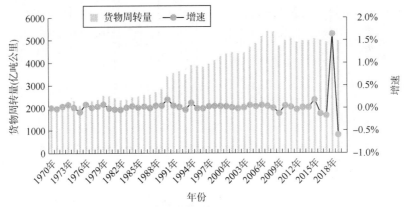

图 3-30　德国货运周转量及其增速变化(1970—2019 年)

(二) 交通基础设施供给

第二次世界大战后,德国开始对铁路进行扩能改造,提高铁路的承载能力,以适应德国经济社会的快速发展。1964 年,原西德联邦铁路制定了《联邦铁路承担主要运输流任务的快速铁路发展规划》,对既有线进行了为期多年的现代化改造,其主要任务是采用 20 世纪的线路标准改造既有铁路,建设时速 200 公里的快速铁路网,规定快速铁路继续按客货混运模式组织运营。1994 年,原西德联邦铁路和原东德国营铁路合并,成立德国铁路股份公司,并通过了"Netz21"(21 世纪路网发展规划)的基本方案,对基础设施和通信信号设备进行改造升级。按照"Netz21"规划的思想,路网不再按线路在运输中的作用分为主干线、次要长途线路和其他线路,而按其用途和基础设施的标准分类。新型路网总体由优先网、能力网和地区网组成。

民航业的快速发展始于 20 世纪 50 年代,并随着经济社会的发展不断扩容升级,以法兰克福机场为例进行说明。法兰克福机场始建于 1908 年,并在战时作为军用机场运输军用物资。1949 年,第二条跑道开通,并转为民用机场。1965 年,法兰克福机场 T1 航站楼和第三条跑道开工修建,是当时欧洲建设规模最大的机场。1972 年,法兰克福机场 T1 航站楼建设完成并投入使用,随后该机场成为德国主要的国际航班集散中心。1994 年,法兰克福机场 T2 航站楼竣工,同期建成了连接 T1 和 T2 两个航站楼的高架车道天桥。

为了提供更快速的道路交通,德国于 20 世纪 30 年代开始构建高速公路网。德国第一条高速公路在1932年建成,位于科隆与波恩间,刚开始时的路面是水泥路面,第二次世界大战后才逐渐以沥青加以覆盖。兴建时的最高设计速度为大约160公里/小时,还有最大8%的倾斜度,在战后修复时被更改为4%。截至2017年,德国高速公路总里程为1.28万公里,是世界上第四大的高速公路网络。

在第二次世界大战之后,德国渐渐形成了综合交通运输体系。1990年后,形成铁路、公路、水路、航空并驾齐驱的发展势头。在漫长的发展过程中,联邦层级的交通主管部门从无到有,从单一到综合,逐步打破传统运输组织形式分工,实现运输组织多方式的统一,从以往着重强调运输分工,转向了各种运输方式的组合和发展,从过去以相互竞争为主转向了现在的紧密合作,构建不同运输方式的统一体,并实现统一体内不同运输方式的平等包容和相互补充。

**(三)交通运输与经济的适应性**

1.客运发展与经济社会发展的关系

1)德国旅客周转量和人口总量的变化趋势并不一致,且德国旅客周转量的增速大于人口总量的增速,增速相对于人口增速波动较大

1990年两德统一时,德国的人口接近8000万,并一度在2002年时达到8254万。此后,德国人口总体上趋于逐年递减,至2012年降至8050万。在此期间,德国旅客周转量基本呈现逐年缓慢增长的趋势(图3-31)。

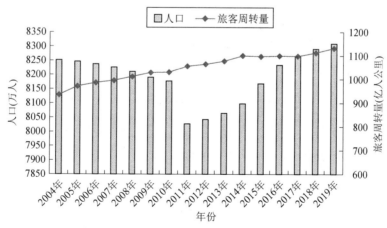

**图3-31 德国旅客周转量与人口总量的关系(2004—2019年)**

从增速来看,德国旅客周转量的增速大多高于人口总量的增速(2015—2017年除外),且增速相对于人口增速波动较大,具体见图3-32。

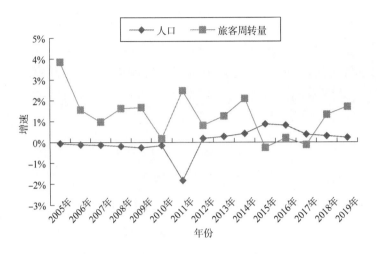

**图 3-32　德国旅客周转量增速与人口增速的关系(2005—2019 年)**

2004—2019 年人均出行次数的变化如图 3-33 所示。人均出行次数在这个时间段内缓慢增加。

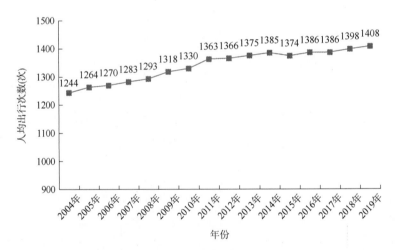

**图 3-33　德国人均出行次数变化趋势图(2004—2019 年)**

2)德国旅客周转量与 GDP 总量呈正向关系,旅客周转量增速与 GDP 增速呈正向关系,且旅客周转量增速小于 GDP 增速

从绝对量来看,德国旅客周转量与 GDP 总量呈正向关系(图 3-34)。德国 GDP 总量呈现增加的态势,从 1970 年的 2158 亿美元增加到 2019 年的 38883 亿美元,增加了 17 倍。旅客周转量从 2004 年的 935 亿人公里增加到 2019 年的 1132 亿人公里,增加了 0.2 倍。

从增速来看,与旅客周转量增速相比,GDP 增速的波动较大(图 3-35)。

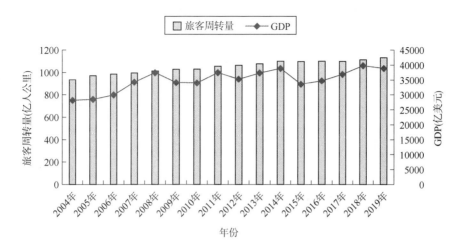

图 3-34　德国旅客周转量与 GDP 的关系（2004—2019 年）

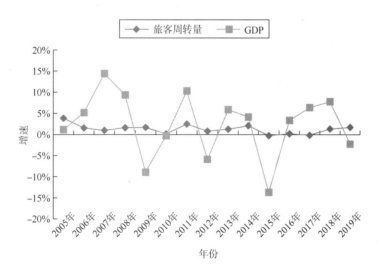

图 3-35　德国旅客周转量增速与 GDP 增速的关系（2005—2019 年）

3）德国旅客周转量的发展趋势与第三产业的变化趋势基本相同

随着德国经济发展、人均收入的提高，劳动力开始从第一产业向第二产业转移，并逐渐向第三产业转移。第三产业在 20 世纪 90 年代后期增长速度较快，1991—2001 年第三产业份额增长了 9 个百分点。由图 3-36 可以看出，德国旅客周转量的发展趋势与第三产业的变化趋势基本相同。

从增速来看，德国旅客周转量增速与第三产业份额增速呈正向关系，且旅客周转量的增速大于第三产业份额的增速，具体见图 3-37。

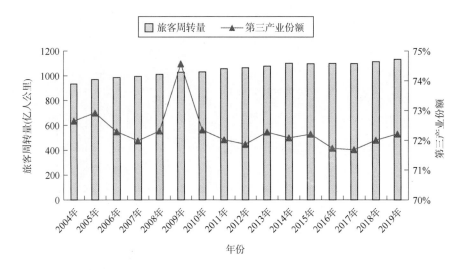

图 3-36 德国旅客周转量与第三产业份额的关系(2004—2019 年)

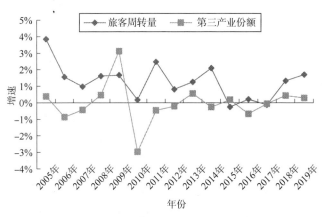

图 3-37 德国旅客周转量增速与第三产业份额增速的关系(2005—2019 年)

2.货运发展与经济社会发展的关系

1)德国货物周转量与 GDP 总量呈正向关系

从绝对量来看,德国货物周转量与 GDP 总量呈正向关系,见图 3-38。从发展阶段来看,1970—1990 年,德国经济发展较为迅速,同期的货物周转量保持了较高的速度增长。2009 年由于受到经济危机的影响,GDP 总量出现较大幅度的降低,当年 GDP 增速为 -5.69%,与此同时货物周转量也出现了较为明显的下降,之后总体稳定、略有波动(图 3-39)。

从增长弹性来看(表 3-10),除 1990—2000 年间德国经济增长与货物周转量之间的弹性系数大于 1,经济发展对货物运输的依赖度较高外,其余年份德国经济增长与货物周转量之间的弹性系数均小于 1,即经济发展对货物运输的依赖度较低,且 2010—2020 年德国经济增长与货物周转量之间的弹性系数小于 0,经济发展与货物运输实现了脱钩。

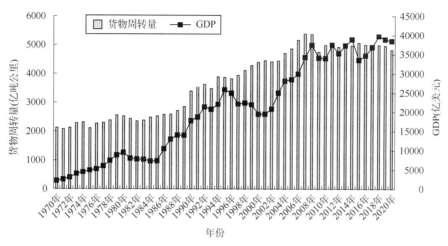

图 3-38 德国货物周转量与 GDP 的关系(1970—2020 年)

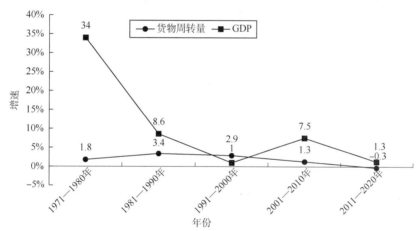

图 3-39 德国货物周转量增速与 GDP 增速的关系(1971—2020 年)

德国经济增速与货物周转量增速关系表　　表 3-10

| 年份 | 货物周转量增速 | GDP 增速 | 经济增长对货物周转量弹性系数 |
| --- | --- | --- | --- |
| 1971—1980 年 | 1.8% | 34.0% | 0.053 |
| 1981—1990 年 | 3.4% | 8.6% | 0.395 |
| 1991—2000 年 | 2.9% | 1.0% | 2.900 |
| 2001—2010 年 | 1.3% | 7.5% | 0.173 |
| 2011—2020 年 | -0.3% | 1.3% | -0.231 |

2) 德国货物周转量增速与第二产业份额增速呈正向关系

从增长弹性来看,德国货物周转量增速与第二产业份额增速波动趋势相同,

2009年之前货物周转量的增速大于第二产业份额的增速,2009年之后货物周转量增速与第二产业份额增速基本一致,在0上下波动,具体见图3-40、图3-41。

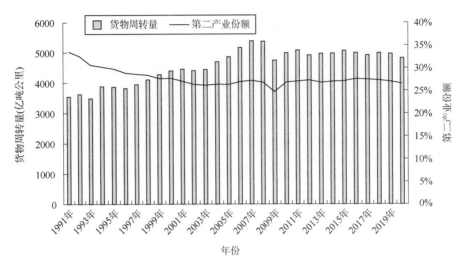

图 3-40　德国货物周转量与第二产业份额的关系(1991—2020 年)

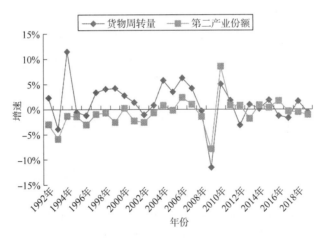

图 3-41　德国货物周转量增速与第二产业份额增速的关系(1992—2019 年)

## 第四节　国外交通与经济协同发展经验启示

一是交通运输与经济发展总体上经历了"制约→适应→再制约→再适应"的螺旋式上升过程。

在工业化初期,整个经济活动产生的客货运输需求总体较小,美国主要依靠自然内河网络和马车货运、日本主要依靠海运与道路运输、德国主要依靠天然港口实现生产资料的运输,交通运输基本能够适应经济发展的要求。

随着经济的发展及工业化进程的推进,到工业化中后期,交通运输与经济发展的传统关系发生了根本性改变,生产资料的大规模集中和机械化大生产使燃料、原材料的需求量大大增长,加工工业中心开始远离原料产地和最终消费地,导致货物运输量和距离比以前大大增加,交通运输需求急剧增长。这种情况下,前一时期天然的交通运输网络,在运输时效性和运输能力方面显然不能满足经济社会发展的要求,交通运输一度成为制约经济增长的一大薄弱环节。以日本为例,自1955年经济规模超过战前水准后,交通运输就明显地不能适应经济高速发展的要求,比如沿海地区的大多数港口难以满足海洋运输增长的需求,港口能力严重不足,出现了大量的压港压船,也有一些大城市交通拥挤,交通条件恶劣,客货运输需求急剧增长,交通成为日本经济发展的瓶颈。因此,这一时期,解决日益增长的交通需求与基础设施能力不足之间的矛盾,成为各国交通基础设施发展的主要要求。为了适应经济社会发展的要求,美国以铁路为代表的现代运输方式获得了长足发展,日本的公路、内河航运及铁路发展迅速,德国铁路、运河得到了快速发展,新的交通基础设施供给基本适应了当时阶段经济社会发展的需求。

到了工业化后期,第三产业增加值的比重越来越大,交通运输需求呈现结构性变化,客运对快速性、舒适性的要求提升,运输服务要求更加可靠、快速、方便;货物也以高附加值化和轻型化为主,呈现小批量、多样性,而在运输市场的供给方面,内河、铁路等基础设施里程相继达到顶峰,运输供给能力基本饱和,公路、航空实现了快速发展,以适应相应特征的运输需求。以美国为例,在汽车出现之前,旅行是费时又费力的事情,尽管可以借助马车、河流、运河和铁路,但是无法提供门到门服务,也缺乏灵活机动性。为了推动城市快速发展,汽车交通愈加发达,高速公路应运而生。美国于20世纪50年代中期开始大规模建设公路,至1980年公路总里程达到了386万英里。汽车的普遍使用使得美国经济得以在更大的空间里以更大的规模、更快的速度运行,并获得更高的经济收益,以更具流动性的人力资源匹配更加密集的信息、资本和技术,推动产业向附加值更高的层次升级。可以说,高速公路网和汽车是美国经济的加速器,扩大了美国经济的规模和总量,使其能够更加稳定、高效地运行并不断地向更高端的产业链条升级,走在世界经济的前列,占据全球经济的制高点,成为交通运输与经济协同发展的典范。

综上可以看出,随着经济发展尤其是工业化进程的推进,交通运输与经济发展总体上呈现"制约→适应→再制约→再适应"的发展历程,随着需求总量、时空特征、质量特征等的演变,供给的方式和技术经济特征也在不断更新,满足了一定经济发展阶段的需求后,再满足更高经济发展阶段的需求,最终实现更高水平的供给与需求平衡、交通运输与经济社会协同发展的螺旋式上升过程。

**二是供给与需求的适应性经历了从"总量平衡"到"结构平衡"的转变。**

从典型国家交通运输供给与需求的互动过程来看,交通运输供给与需求的适应性经历了从"总量平衡"到"结构平衡"的转变。以美国为例,在工业化中后期,铁路拥有着马车和运河船舶不具备的速度、容量和低价优势,突破了交通运输对经济规模、经贸内容的刚性制约,为美国经济总量的扩容和运行效率的大面积提升提供了基础。经过40~50年时间的大规模建设,1916年美国铁路总里程达到历史最高峰(约41万公里),形成了全国铁路网,铁路公司达到2000多家,提供了全国98%的客运、75%的货运,实现了交通运输供给与需求的"总量平衡"。但是随着工业化进程的推进,产品结构以高附加值化和轻型化为主,交通运输需求发生了变化,货运强度逐年降低,单位GDP产生的货物运输量明显减少,运输服务要求更加可靠、快速、方便,从1960年的2.89吨英里/美元下降到1980年的1.04吨英里/美元,2001年货运强度为0.37吨英里/美元,适合铁路运输的低附加值货物的物流需求逐渐萎缩,而适合高速公路、航空运输的高附加值货物的物流需求快速增长,物流服务的地域范围、时间的准确性和可靠性、物流供应链的稳定性、物流效率成为满足经济发展要求的重要方面。从总量上来讲,铁路运输也是能够满足这些需求的,但是从结构上来讲,铁路运输不能满足小批量、多样性、快速、舒适等新的需求特征,因此出现了大量拆除铁路而高速公路、航空快速发展的情况,这是典型的虽然"总量平衡"了,但是"结构不平衡"的案例,且实践证明,"结构平衡"更需引起关注。

在现代交通技术进步的历程中,典型国家的运输方式由一种演变为多种,通过不断的供给侧结构性改革,各国的交通运输体系从较为单一的运输方式逐步向综合运输系统转变,这也是交通运输供给与需求实现"结构平衡"要求的必然结果。

**三是在供给规模不变的情况下,可通过运输组织优化、技术创新等手段进一步挖掘交通基础设施的潜能。**

从典型国家交通基础设施供给与交通运输需求增长之间的弹性关系来看,

以运输效率指标(即单位交通基础设施里程承担的客货运输量)来评价,典型国家在综合交通基础设施供给达到相对稳定的水平之后,与客货运输需求的增长之间出现了解耦,即在综合交通基础设施供给规模基本保持不变甚至有所下降的情况下,通过运输组织优化、技术创新等手段,同样适应了经济社会发展对交通运输提出的客货运输需求。

以美国为例,20世纪60年代后铁路和民航基础设施供给显著减少,铁路总里程从1960年的33万公里下降到2019年的23万公里,航班使用机场数从1990年的680个下降到2019年的537个,仅公路里程有缓慢增长,但支撑了1960—2019年美国客运年均2.7%的增长和货运年均约1%的增长,有力支撑了年均约6.4%的GDP增长。究其原因,一方面,1980年斯塔格斯铁路法案的颁布让美国铁路货运业的劳动生产率大幅度提高,从1980年至2010年,单公里货运周转量从513万吨增长到1286万吨,运营效率的提升使得虽然营业里程下降,但是总运量上升;另一方面,20世纪60年代以来,美国的多式联运开始快速发展,1997年至2011年,美国多式联运货运量由2.17亿吨增加到16.2亿吨(增长了6.5倍),占货运总量的9.2%,创新运输组织模式、发展多式联运成为美国满足多样化、安全、方便、快捷等高质量运输需求的重要举措。

以德国为例,根据最新的交通运输需求预测,未来德国货运量将大幅增长,2030年货运量与2010年相比将增长38%,采用单一的道路运输方式将无法满足未来巨大的运输需求量。因此,需要所有运输方式都参与货运,且需要创新运输组织模式,大力发展多式联运。据预测,2030年德国联合运输货运量与2010年相比将增长79.3%,即在综合交通基础设施总规模基本稳定的情况下,通过挖掘各种运输方式的潜能、创新运输组织模式来满足货运需求的大幅增长。

未来,随着移动互联、物联网、云计算、新一代移动通信和北斗定位导航等先进信息技术在交通运输领域的应用,在综合交通基础设施供给规模不变的情况下,以系统化和"互联网+"为抓手,通过智慧型交通运输工具的研发及推广使用、运输组织模式的创新等措施和手段,增强供给结构对需求变化的适应性和灵活性,可进一步挖掘交通基础设施的潜在能力,提升综合交通运输系统的服务效率和服务水平,以交通高质量发展提升供给与需求的适配性。

**四是在供需适配的过程中,供给侧结构性改革和需求侧精细化管理须双向发力。**

一般来讲,交通基础设施建设是为了满足不断增长的经济社会发展对交通运输提出的需求,但实践证明,交通基础设施供给对交通运输需求的增长和结构变化具有重要的反作用,运输供给的增加、运输服务质量的改进往往是客货运输需求增长和结构变化的重要推动力。因此,在综合交通运输供需适配的过程中,不能只靠推进供给结构的优化调整,来单一地满足交通运输需求的无限增长,需要同时对交通运输需求进行精细化的管理,来有效利用和适应供给。

以日本为例,针对20世纪70年代公交出行比例下降、小汽车出行比例增加、道路饱和的趋势,日本没有继续单一地增加公路交通基础设施的供给规模,而是制定了管理交通需求的措施,确立了以轨道交通为主的交通发展模式,引导公共交通出行,通过减少产生出行的活动从而减少出行总量,通过改变交通方式和有效地使用机动车来减少车辆交通,将交通在时空进行分散,通过需求侧的管理来实现与供给的平衡。

再以美国为例,1991年的《路上综合交通效率化法案》(ISTEA)将高承载率汽车(HOV)专用车道作为交通拥堵管理规划中的强制措施,通过对需求的控制和管理,减少出行生成、控制机动车使用、压缩不合理出行,控制了交通需求的不合理增长,同时实现了既有道路交通基础设施的充分和有效利用。

总之,在各个典型国家综合交通基础设施规模基本稳定的情况下,一方面通过技术创新、组织模式优化等措施进行供给侧结构性改革,优化供给结构,促进运输供给的高质量发展,另一方面,通过科技、行政、经济等手段进行需求侧管理,引导需求在时间、空间和方式结构上更加有序,通过供给侧和需求侧双向发力,最终实现供给与需求的高质量平衡和匹配。

# 第四章 综合交通基础设施网络承载能力分析框架

分析综合交通基础设施网络承载能力的目的是度量交通基础设施供给满足社会经济发展产生的运输需求的程度,这种程度称为承载水平。根据综合交通基础设施网络承载能力的概念,综合交通基础设施网络作为承载体,其承载的对象是运输需求。承载水平是综合交通基础设施网络承载能力分析的结果,中间过程包括分析运输需求以及测算承载体的承载能力。从发达国家交通基础设施供给与社会经济发展之间的互动关系可以看出,在不同的社会经济发展阶段,运输需求有明显差异,交通基础设施供给的侧重点不同,综合交通基础设施网络的承载能力及承载水平是随着社会经济的发展而不断变化的,因此在分析过程中需要明确时空范围。同时,承载水平不仅要反映供需总量间的关系,还应反映供需结构上的关系。本章基于宏观经济层面与中观交通层面之间的映射逻辑关系,剖析综合交通基础设施网络承载能力的分析要素,提出承载水平的分析方法及评判标准,建立综合交通基础设施网络承载能力的分析框架。

## 第一节 宏观经济层面与中观交通层面的映射逻辑

社会前进需要靠经济基础推动,经济发展离不开人员和物质交流,在此一系列连带关系中,交通运输起着纽带作用。从宏观层面来看,国民经济发展客观上对交通运输提出需求;从中观或行业层面来看,交通为国民经济发展提供运输供给。

### 一、宏观经济层面的运输需求

国民经济对交通运输的需求是多层次多方面的,简单进行分类,有人员流动需求和物质流通需求。运输需求就是指一定时间内社会经济活动产生的客货流通需要。

对于客运需求来说,其来源于生产和消费两个不同的领域。与生产交换分配等活动有关的旅行需求称为生产性旅行需求,以消费性需求为旅行目的的运输需求称为消费性旅行需求,这一类需求的产生主要是由于城乡二元结构不均衡或者区域经济社会发展不平衡,经济相对发达的地区具有更强的集聚性,会吸引其他区域以求学、务工、出差、探亲访友以及旅游为主要目的的个人消费性需要。从经济意义上讲,生产性旅行需求是生产活动在运输领域的继续,消费性旅行需求是一种消费活动。

对于货运需求来说,其产生的来源有以下三个方面。一是自然资源的地区分布不均衡,生产力布局与资源产地分离。如我国煤炭探明储量集中,北方占87%,其中山西、内蒙古、陕西占68%;铁矿石集中在河北、辽宁、四川,储量合计占全国探明储量的52%。这种自然资源分布的不均衡,是物质流通需求产生的原动力。二是生产力与消费群体的分离。有人群聚集的地方就有生活消费,从人口高度密集的特大城市,到居住分散的农村和牧区,消费群体的分布极为广泛。由于自然地理环境和社会经济基础的差异、各地区经济发展水平和产业结构的差异,决定了生产性消费分布的存在。随着生产社会化、专业化的发展,生产与消费在空间上日益分离,必然产生物质流通需求。三是地区商品品种、质量、性能、价格上的差异,地区之间、国家之间自然资源、技术水平、产业优势不同,使产品的质量、品种、价格等方面会存在很大差异,这就会引起货物在空间上的流动,产生运输需求。

从前文对国外发达国家工业化进程的描述可以发现,在不同的社会经济发展阶段,运输需求特别是货物运输需求呈现的特征是存在显著差异的,这主要反映在运输需求结构上。按照综合运输需求实现的方式,运输需求可以分为公路、铁路、水运、航空、管道等运输需求。公路(铁路、水运、航空、管道等)运输需求是指在一定社会经济条件下,人或物通过公路(铁路、水运、航空、管道等)运输方式实现的空间位移的需求。各种运输方式的运输需求量在综合运输需求总量中所占比重的比例关系,称为运输需求结构。

经济增长、经济结构、国民收入和消费水平、人口数量和人口分布、国家政策等因素的变化都会对运输需求产生影响,这也正是运输需求特征具有阶段差异性的原因。各个因素对客货运输需求的影响见表4-1。

**运输需求影响因素** 表4-1

| 因素 | | 影响 | |
| --- | --- | --- | --- |
| | | 客运需求 | 货运需求 |
| 外生因素 | 经济发展水平 | 社会经济的发展导致客运需求的增长 | 社会经济的发展导致货运需求在数量方面的增长速度放慢,但在质量方面的需求越来越高 |
| | 经济产业结构 | 经济结构间接影响客运需求发生变化 | 经济结构,尤其是工农业结构是影响货运需求的决定性因素,随着产业结构的变化,运输需求必然发生变化 |
| | 国民收入、居民消费水平 | 国民收入和居民的消费水平的提高,直接影响客运需求在数量和质量上发生变化 | 国民收入和居民消费水平的提高,对货运需求也将产生间接影响 |
| | 人口因素 | 人口越多、城市化程度越高的地区,客运需求越大 | 人口变化间接引起货运需求变化 |
| | 国家政策 | 影响国民经济活动及其他经济行为,从而影响运输需求变动 | |
| 内生因素 | 运输供给水平 | 交通基础设施沿线居住人口和工业服务业的集聚,产生运输需求(供给创造需求) | |

①社会经济的发展导致生产规模的扩大,而经济协作与合作的加强,也会使各种经济实体的联系更加密切,两个方面都会使人们出行与物资流动机会增多,流动频率增加,从而产生新的运输需求。

②经济结构调整、专业化分工和规模经济的不断发展,使得进行专业化生产的企业和具有规模经济的企业经济活动空间不断扩大;与资源来源地的距离不断增加,产品销售市场的范围更加广阔。特别是全球化进程使得生产和销售的范围超越了传统的国家疆界,资源和产品可以从全球不同的地区获得,产品则在世界不同国家销售。企业的专业化和规模经济的程度越高,它与其他区域企业的联系就越紧密、越广泛,规模经济和专业化分工的发展表现为企业经济活动空间的不断扩大,并产生出更多的运输需求。

③国民收入决定居民的购买力,进而决定了居民的消费水平。当人们基础

的生存需求得到满足后,就会产生社交等需求,客运需求由此产生。所以,随着人们生活水平提高,消费结构的调整,探亲、休养、旅游、访友等需求必然增加,与此相联系的客运需求也将在数量和质量上发生变化;国民收入决定居民的购买力,随着购买力的提高,人们对物质资料的需求量也随之增加,新的运输需求随之产生。

④在一定的人口数量下,客运需求的变化受人口分布的影响。人口分布的不平衡,决定着客运需求分布的不平衡。人口密集的地区,客运需求较大;城市化程度越高,客运需求越多。人口的增长,必然引起粮油、副食、日用消费品等供应的增加,从而引起货运需求的增加。

⑤从长期的社会经济发展可以看出,交通基础设施能够吸引生产和生活活动在交通设施沿线集聚,导致交通基础设施沿线居住人口和工业服务业的集聚及原有规模的扩大,从而产生巨大的运输需求。

### 二、中观交通层面的设施供给

中观交通层面的设施供给是指交通运输行业为实现客货位移而建设的交通基础设施,可以通过基础设施的运输能力来表征。人员流动、物资交换,都要有客观基础,现代化的规模生产、现代化的生活方式、现代化的交往意识主要依靠具有安全、便捷、高效、舒适、经济等性能的铁路、公路、水运、民航、管道这五种运输方式来承载。为了满足经济社会发展提出的运输需求,交通运输部门在一定的投资水平下依据各种运输方式的技术经济特性建设交通基础设施,保障铁路、公路、水运、民航、管道各种运输方式正常运行。在各种运输方式发展过程中,其相应的基础设施在规模上形成一定的比例结构,称这种比例结构为交通基础设施的供给结构。一定经济社会发展水平下形成的交通供给结构,与所处发展阶段的投资水平有关,但更与运输需求结构密切相关,其目的是实现运输需求与设施在供给上的均衡。

随着各类交通基础设施建设规模的不断增长,交通基础设施从"连线成片"到"基本成网",综合交通基础设施网络逐步完善。在综合交通基础设施网络中,在跨地区客货流集中的方向,形成了由两种或两种以上运输方式组成的承担大量客货运输任务的运输通道。可以看出,层次性是交通基础设施网络的重要属性特征,这种层次性不仅体现在由交通线路、枢纽节点、运输通道形成的网络基本形态,还体现在各种运输方式线路内部。各种运输方式的基础设施层次划分如图 4-1 所示。

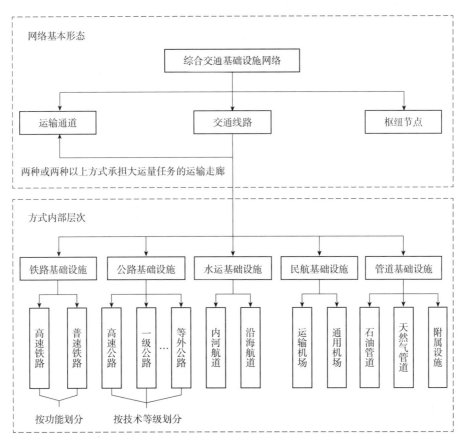

**图 4-1　综合交通基础设施网络基本形态与方式内部层次划分图**

### (一) 铁路基础设施的层次划分

从功能层次角度看,铁路基础设施可以分为高速铁路和普速铁路。高速铁路主要指服务于跨区间旅客快速交流的高速客运专线铁路,由"八纵八横"高速铁路主通道、高速铁路区域连接线和部分城际铁路(时速 200 公里及以上)组成。普速铁路主要包括服务于区域间和区域内客货运输的普速干线铁路,促进落后地区发展和国土开发的普速铁路以及服务港口、物流园区、资源富集区等的集疏运铁路。

### (二) 公路基础设施的层次划分

从技术等级角度看,公路基础设施可以分为高速公路、一级公路、二级公路、三级公路、四级公路、等外公路。从行政管理角度,可以分为国道、省道、县道、乡道、村道。其中,国道包含国家高速公路和普通国道。国家高速公路网和普通国道网共同构成了我国的国家公路网。

### (三)水运基础设施的层次划分

航道一般包括内河航道和沿海航道。从功能层次角度看,全国内河航道可以分为高等级航道和其他航道。从技术等级角度看,内河航道可以分为等级航道和等外级航道。

### (四)民航基础设施的层次划分

民航基础设施主要是指民用机场设施。民用机场包括运输机场和通用机场。

### (五)管道基础设施的层次划分

根据《中华人民共和国石油天然气管道保护法》《石油天然气管道保护条例》等,管道基础设施由输送石油(包括原油、成品油)、天然气(含煤层气)的管道及其附属设施构成。

## 三、供需间的逻辑关系

如图4-2所示,交通运输系统提供基础设施供给的根本原因源自外部社会经济环境提出的运输需求,一定的社会经济环境产生运输需求。在方式选择上,旅客根据消费水平、时间成本等因素,货主根据货物价值、货品特性等因素,结合对既有运输方式技术经济特性的认知,选择运输方式,这种选择过程呈现出不同等级收入的旅客对运输方式的选择喜好不同,不同种类的货物对运输方式提供的运输服务的要求不同,对运输方式的不同选择使得各种运输方式呈现出一定的比例结构,即运输需求结构。各种运输工具通过综合交通基础设施网络形成综合运力,满足运输需求。在满足运输需求时,因运输方式各自的技术经济特性而表现出对各种运输需求不同程度的满足,从而产生各种运输方式的实际运量,并形成一定的运量结构。在运输结构形成的过程中,运输需求会不同程度地被满足或不被满足,反过来推动或阻碍社会经济的发展。

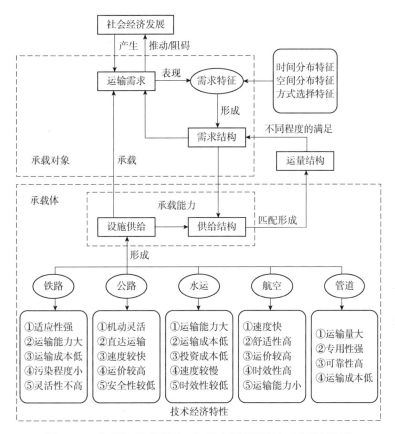

图 4-2　宏观经济层面与中观交通层面的映射逻辑图

## 第二节　承载对象与承载能力分析的要素及路径

基于宏观经济层面与中观交通层面间的映射逻辑关系，遵循供需均衡的基本原则，综合交通基础设施网络承载能力的分析要素应当包括：承载对象、承载体和承载水平。承载能力分析要素及其含义如图4-3所示。

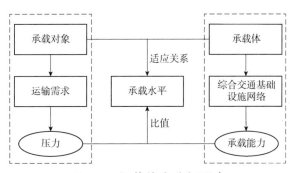

图 4-3　承载能力分析要素

## 一、承载对象分析

承载对象分析是将运输需求与产生运输需求的社会经济活动进行相关分析,得到承载对象压力的过程。通过分析能够定性、定量地了解社会经济发展对于交通运输的需要强度,进而对交通基础设施网络进行合理规划、建设,改善交通基础设施供给。运输需求是由多个运输需求个体组成的整体,包括运输对象、运输规模、运输方向(流向)、运输距离(流程)等基本要素,其中运输规模包括需求总规模和各个运输方向上的需求规模(流量)。各要素定义如下:

①运输对象——旅客或者货物。
②运输规模——指客货运输需求的数量规模。
③运输流向——指客货发生空间位移时的空间走向,表示客货运输产生的起讫地点。
④运输流量——指运输需求流向上客货运输的数量规模。
⑤运输流程——指运输起点与终点间的距离。

如图4-4所示,运输需求分析包括需求总量分析和需求结构分析,前者的分析结果是运输需求规模,而后者分析的落脚点在于方式结构,即得到不同群体旅客或者不同类别货物的方式选择结果。客运需求和货运需求在方式选择上均呈现不均衡性,正是这种方式选择的不均衡性体现出旅客和货物对交通基础设施供给以及运载工具供给的实际需要。

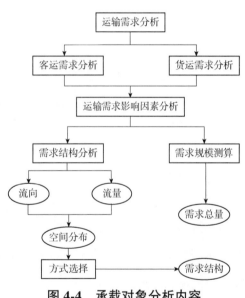

图4-4 承载对象分析内容

### (一)客运需求方式选择的不均衡性

在一定时期内,区域客运总需求是一定的,对一种运输方式需求增多,对其他运输方式的需求必然相对减少。不同运输方式能赢得多少需求份额,是不同运输方式发展的市场基础。这一基础及变化,在不同运输方式的技术经济特征未发生实质性变化之前,取决于客运需求者的行为变化,具体体现在客运需求者对不同运输方式的选择行为上。

客运需求者在选择运输方式时,会综合考虑多种因素,如安全性、便利性、快捷性、舒适性等。其中,安全性是选择不同运输方式的前提性因素;便利性和快捷性等都归结于运行时间的占用上;舒适性间接地反映运输费用。因此,客运需求者选择运输方式的最基本原则便是:在实现相同空间位移的前提下,在支付较少运费并占用较少时间的同时享受到较好的服务。

不同时期、不同类型客运需求者在选择运输方式时考虑的因素皆有不同。如高收入人群较少考虑运价而重视时间效率,而低收入人群则大多会以便宜的运输方式或工具为首选。在具体问题中,旅客选择何种运输方式,要看不同运输方式对旅客而言其所具有的"效用"值的大小。随着生活水平的不断提高,客运需求者对客运需求方式的要求将会越来越高。从上述分析可以看出,客运需求方式的选择是一个随机变量,其取决因素主要在于需求者的心理偏好,即运输服务对需求者的效用。

**(二)货运需求方式选择的不均衡性**

不同类型的货物对运输有着不同的需求,如:高附加值货物更重视运输效率、运输安全,低附加值货物(如大宗商品物资)更注重运输价格。以我国为例,第一产业比重下降,大宗货物运输强度降低,对铁路、水运等能满足大量物资运输的运输方式的需求逐渐减少;第二产业产品结构优化,高科技含量、高附加值、高档次产品增加,对运输服务的质量要求相应较高,因此对公路、航空等灵活、运送及时、安全的运输方式的需求增加。另外,货运需求者和客运需求者在运输方式的选择上有着明显的差别,其主要区别在于:货运需求者尽管要考虑时间的节约,但更重视运费的节约。所以,运费在货运需求者选择运输方式时所起的作用比时间更突出一些。随着经济的发展,产业结构的不断升级,货运需求方式结构也将随之发生变化。

从上述分析可以看出,虽然运输需求规模分析得到的规模总量能够决定整体的运输强度,但对运输需求结构的分析更具意义。一方面,运输需求结构分析是对不同旅客群体和不同货物种类的分类别分析,其分析结果使得需求更加细致、更加明确;另一方面,进行运输需求结构分析,能够得到对不同运输方式的需求程度,这不仅是宏观层面运输需求与交通运输行业层面的结合点,更是开展综合交通基础设施网络承载水平分析的重要基础。因此,在运输需求分析中,相较于对运输规模的测算,对需求结构的分析更为重要。同时,通过有效的方法对旅客群体和货物类别进行科学划分以及对不同等级旅客群体和不同类别的货物进行规模测算,是提高运输需求结构分析准确性的关键。

## 二、承载能力分析

承载能力分析是按照综合交通基础设施网络的基本形态,由各种方式线路承载能力到通道承载能力再到网络承载能力,自下而上地分析、测算综合交通基础设施网络承载能力的过程。

承载对象对承载体的需求体现在两个方面:首先是供给能力,指分布在一定空间上的运输能力,其首要目标是满足社会经济对于分布在一定空间内的客货位移的需求;其次,交通基础设施网络具有一定的服务特性,社会经济发展除了对交通设施供给提出量的需求,还有服务水平的要求,如安全性、准时性、舒适性、经济性,即对交通设施供给质量的要求。承载能力是一定时期内承载体所能承担的最大的客货运量,其单位是人或者吨。如图4-2所示,承载体由多种运输方式的基础设施组成,各设施都有其各自的设计能力。客货运输是一个连续的作业过程,系统内的各项设施在运输过程中都是相关联的,有些是串联的,有些是并联的,承载体最终的承载能力不是单项设施设计能力的简单叠加,而是各项设施根据相互的关联关系产生的一种综合能力。因此,承载体的承载能力是所有交通基础设施合理匹配、有机结合,通过科学组织所能够承载的最大客货输送能力。承载能力受交通基础设施网络中能力最为薄弱的设施所制约,这些能力薄弱的交通基础设施是制约承载能力的瓶颈设施。瓶颈设施的存在会给设计能力大的设施带来输送能力上的冗余,导致其能力得不到充分发挥,造成设施资源浪费。对承载能力进行分析测算,就是要寻找承载体中的薄弱环节,衡量差距,通过提高瓶颈设施的输送能力,从而提高承载体的承载水平,提高交通基础设施建设投资的最大效益。

各方式线路承载能力的测算包括铁路输送能力测算、公路通行能力测算、航道通过能力测算、航空运输能力测算和管道输送能力测算。承载能力的测算,需要遵循"串并联"的基本计算原则。运输通道由公路、铁路、水运、航空、管道等多种运输方式的多条线路、枢纽及附属设备组成,承担着区域间大量、稳定的客货流。通道承载能力实际上是通道线路的通行能力与活动设施的运载能力的综合,最终体现为通道的运输能力。运输通道往往由若干运输区段组成,不同的运输区段内布局的交通线路的通行能力可能存在差异,如某一条高速公路在 A 区段内为四车道、在 B 区段内为八车道,则对于该条高速公路来说,其在两个区段的通行能力不同。分区段测算不同运输方式的承载能力后,叠加测算通道承载能力时,需要按照"木桶短板"理论和"串并联"的基本计算原则,即对于通道内相同运输方式,取其承载能力最小的区段,而对于不同运输方式,取其承载能力之和作为通道的承载能力,如图 4-5 所示。

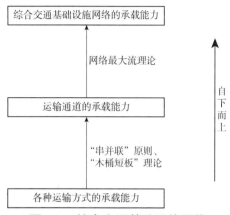

图 4-5 综合交通基础设施网络承载能力分析流程

运输通道作为综合交通运输网络的主骨架,在综合交通基础设施网络发展中起着重要作用,其承载能力决定了网络综合承载能力的大小。综合交通基础设施网络承载能力的测算需要以运输通道的承载能力为基础,主要依据网络最大流理论,以划定最小割集的方式得到网络可承载的最大运输需求,即网络的承载能力。具体的测算方法见第五章相关内容。

## 第三节 承载水平分析的方法及评判标准

综合交通基础设施网络承载水平是指网络承载能力满足运输需求的程度,其大小通过运输需求与承载能力的比值来体现。这种供需满足程度体现在两个方面:一是总量方面,即综合交通基础设施总供给要满足社会经济发展提出的客货运输需求规模;二是结构方面,即设施供给结构要适应运输需求结构要求。总量满足需求是基础,供给结构合理是关键。综合交通基础设施供给只有在总量上和结构上同时适应社会经济发展的需要,才能形成对生产力发展最有利的综合交通运输网络。

### 一、基于流量分配的承载水平分析方法

基于流量分配的承载水平分析流程见图 4-6。

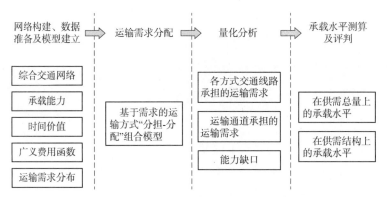

图 4-6 基于流量分配的承载水平分析流程

(一) 基于需求的运输方式"分担-分配"组合模型

区域中两个集散点 A、B 之间可能有多种运输方式和多条路径，但这些路径和方式是有限的。对旅客和货主来说，选择了"路径"也就选择了"方式"。因此，在模型实现上，需要将"方式划分"与"路径配流"合二为一。同时，对于旅客和货物在集散点 A、B 之间的方式划分和路径配流，必须综合考虑各类需求对时间或价值的敏感度以及各种运输方式自身的技术经济特性，以体现需求特征和供给特征。

在旅客出行的全过程中，两端市内交通的时耗占出行全过程的比重大，而费用又很少。考虑到不同旅客的时间价值敏感度不同，时间价值敏感度高的旅客一般会选择速度快的"路径-方式"，时间价值敏感度低的旅客会选择速度较慢的方式。也就是说，创造相同的价值，速度快的"路径-方式"所需的时间比速度慢的"路径-方式"所需的时间要少。换句话说，在相同的时间内，速度快的"路径-方式"创造的价值要高于速度慢的"路径-方式"。

因各运输方式的经济性、方便性、舒适性、安全性等不同，到达相同目的地所需的费用不同，旅客所承受的心理、身体的压力不同，须对整个出行过程中的时间和费用赋评价值，将不同等级群体的时间价值统一换算为广义费用，进行"路径-方式(分担-分配)"的选择。对货物进行"路径-方式"划分时，也需要根据不同货物种类的时间价值计算各"路径-方式"的广义费用。结合广义费用函数，对不同类别的旅客/货物按其方式选择特征进行方式分配，叠加各个需求层次的分配结果，最终获得各条路径承担的运输需求。

(二) 承载能力缺口分析模型

承载能力缺口分析就是根据分配的运输需求，对照承载能力，衡量运输网络能否满足运输需求并测算能力缺口。

对于通道来说,由于通道由多个交通密切联系的城市区间组成,各个城市区间的交通供需状况存在差异,分析城市区间的承载能力缺口能够更为细致地反映通道局部及整体的交通供需状况,为相关部门优化通道内部交通基础设施配置提供决策依据。因此,综合运输通道的承载能力缺口分析重点在于通道内部主要城市区间能力缺口的分析。承载能力缺口分析模型的描述如下:设通道可划分为 $p$ 个串联的子区段,每一区段内有 $m$ 种运输方式,任意区段 $i$、$i+1$ 间第 $k$ 种运输方式的运输需求为 $Q_{i,i+1}^k$,承载能力为 $C_{i,i+1}^k$,则区段 $i$、$i+1$ 间运输能力缺口 $D_{i,i+1}$ 计算公式为:

$$D_{i,i+1} = \sum_{k=1}^{m}(Q_{i,i+1}^k - C_{i,i+1}^k) \tag{4-1}$$

整条通道的承载能力缺口 $D$ 的计算公式为:

$$D = \sum_{i=1}^{p} D_{i,i+1} \tag{4-2}$$

对于综合交通基础设施网络来说,网络的承载能力缺口是内部所有运输通道的承载能力缺口之和。

## 二、承载水平评判标准

承载水平为运输需求与承载能力的比值。综合交通基础设施网络的承载水平包括供需总量上的承载水平和供需结构上的承载水平,前者反映交通设施供给总量是否满足运输需求总量,后者反映交通设施供给结构是否满足运输需求结构。

### (一)供需总量上的承载水平

对于旅客运输或者货物运输,综合交通基础设施网络在供需总量上的承载水平取各条通道承载水平的加权平均值,而每条通道在供需总量上的承载水平是通道内各区段承载水平的加权平均值,其计算公式如下:

$$\text{Cor}_{\text{load}}^m = \sum_{i=1}^{p} \frac{Q_{i,i+1}^m}{\sum_{i=1}^{p} Q_{i,i+1}^m} \cdot \frac{Q_{i,i+1}^m}{C_{i,i+1}^m} \tag{4-3}$$

式中:$\text{Cor}_{\text{load}}^m$——通道 $m$ 在供需总量上的承载水平;

$Q_{i,i+1}^m$——通道 $m$ 区段 $i$、$i+1$ 间的运输需求;

$C_{i,i+1}^m$——通道 $m$ 区段 $i$、$i+1$ 间的承载能力;

$p$——通道 $m$ 的区段数量。

相应地,综合交通基础设施网络在供需总量上的承载水平按下式计算:

$$\text{Net}_{\text{load}} = \sum_{m=1}^{n} \frac{Q_m}{\sum_{m=1}^{n} Q_m} \cdot \text{Cor}_{\text{load}}^m \tag{4-4}$$

式中:$\text{Net}_{\text{load}}$——网络在供需总量上的承载水平;

$Q_m$——通道 $m$ 承担的运输需求;

$m$——网络中运输通道的数量。

## (二) 供需结构上的承载水平

类似地,综合交通基础设施网络在供需结构上的承载水平取各条通道各种运输方式承载水平的加权平均值,而每条通道在供需结构上的承载水平是通道内各区段每种运输方式承载水平的加权平均值,其计算公式如下:

$$\begin{cases} \text{Cor}_{\text{load}}^{m,k} = \sum_{m=1}^{p} \frac{Q_{i,i+1}^{m,k}}{\sum_{m=1}^{p} Q_{i,i+1}^{m,k}} \cdot \frac{Q_{i,i+1}^{m,k}}{C_{i,i+1}^{m,k}} \\ \text{Cor}_{\text{Str\_load}}^{m} = \sum_{k=1}^{j} \left( \frac{\sum_{m=1}^{p} Q_{i,i+1}^{m,k}}{\sum_{k=1}^{j} \sum_{m=1}^{p} Q_{i,i+1}^{m,k}} \cdot \text{Cor}_{\text{load}}^{m,k} \right) \end{cases} \tag{4-5}$$

式中:$\text{Cor}_{\text{load}}^{m,k}$——通道 $m$ 第 $k$ 种运输方式的承载水平;

$Q_{i,i+1}^{m,k}$——通道 $m$ 区段 $i$、$i+1$ 间第 $k$ 种运输方式承担的运输需求;

$C_{i,i+1}^{m,k}$——通道 $m$ 区段 $i$、$i+1$ 间第 $k$ 种运输方式的承载能力;

$\text{Cor}_{\text{Str\_load}}^{m}$——通道 $m$ 在供需结构上的承载水平;

$j$——通道 $m$ 中运输方式的数量。

相应地,得到综合交通基础设施网络在供需结构上的承载水平:

$$\text{Net}_{\text{Str\_load}} = \sum_{k=1}^{j} \frac{Q_m^k}{\sum_{m=1}^{n} Q_m^k} \cdot \text{Cor}_{\text{load}}^{m,k} \tag{4-6}$$

式中：$Q_m^k$——通道 $m$ 第 $k$ 种运输方式承担的运输需求。

### (三) 评判标准

从承载水平的测算方法可以看出，承载水平数值所表征的意义是交通基础设施供给满足运输需求的程度。因此，参考公路路段服务水平分级标准，将综合交通基础设施网络承载水平划分成四个级别，如表 4-2 所示。网络承载水平等级越高，表示运输需求规模超出交通基础设施网络承载能力的幅度越大，承载能力的缺口越大。承载体在供需总量上以及在供需结构上的承载水平的大小可能存在差异，但评判标准一致。对于供需总量来说，当承载水平大于 1.0 时，表示网络的承载能力严重不足，无法在设施供给总量上满足运输需求；而对于供需结构来说，当承载水平大于 1.0 时，表明网络中存在一种或多种运输方式承载能力严重不足的情况。

**承载水平评判标准** 表 4-2

| 网络承载水平 $L$ | | | 交通服务水平 $v/C$ | |
| --- | --- | --- | --- | --- |
| 等级 | 数值 | 意义 | 等级 | 饱和度 |
| 一级 | $L \leqslant 0.7$ | 承载良好 | 一级、二级 | $v/C \leqslant 0.5$ |
| | | | 三级 | $0.5 < v/C \leqslant 0.7$ |
| 二级 | $0.7 < L \leqslant 0.9$ | 适度超载 | 四级 | $0.7 < v/C \leqslant 0.9$ |
| 三级 | $0.9 < L \leqslant 1.0$ | 高度超载 | 五级 | $0.9 < v/C \leqslant 1.0$ |
| 四级 | $L > 1.0$ | 极度超载 | 六级 | $v/C > 1.0$ |

注：$v/C$ 是在基准条件下，最大服务交通量与基准通行能力之比。

# 第五章　承载能力分析的影响因素及测算方法

根据综合交通基础设施网络承载能力的概念,本章重点分析承载对象(运输需求)压力及承载体(综合交通基础设施网络)承载能力各自的影响因素及测算方法。交通运输需求是一种派生性需求,影响因素繁多,除国家的地理、资源特征外,还包括经济因素、社会因素、技术因素、运输供给因素等,其测算方法也包括定性、定量等多种。综合交通基础设施网络承载能力的大小取决于综合交通基础设施网络的规模、空间布局结构等内部特征和综合交通运输组织水平、网络运输服务水平等外部因素两个主要方面,其测算方法分为综合交通复合网络承载能力、综合运输通道承载能力、各种交通方式承载能力三个层次。

## 第一节　承载对象的影响因素及测算方法

### 一、承载对象的影响因素及其相关关系

综合交通基础设施网络的承载对象即经济社会发展对交通运输产生的需求。交通运输需求是一种派生性需求,源于经济社会发展对客货空间位移的需要。影响交通运输需求的因素繁多,除地理、资源特征外,还包括经济因素、社会因素、技术因素、运输供给因素等,见图5-1。

(一)经济因素

1.经济总量

从历史规律看,客货运量与GDP呈正向关系。经济增长加速阶段,客货运需求旺盛;经济呈下行态势时,客货运增长放缓。交通运输的根本是服务于经济

社会发展所产生的客货运输,因此,经济发展直接影响了客货运输需求。在经济增长加速阶段,客货运需求旺盛;经济呈下行态势时,客货运增长放缓。以我国20世纪90年代以来的货物运输量与GDP的关系为例,从绝对数来看,我国货物运输量与GDP呈正向关系,见图5-2。货物运输量从1990年的970602万吨增加到2020年的4725862万吨,增加了3.9倍,年均增速为5.61%。同样,GDP也呈现增加的态势,从1990年的18774亿元增加到2020年的1013567亿元,增加了53倍,年均增速为14.22%。从增速来看,我国货物运输量增速与GDP增速呈正向关系,且增长弹性系数呈线性相关,见图5-3。"七五"至"十三五"期间,货物运输量增速随着GDP增速的波动而波动。

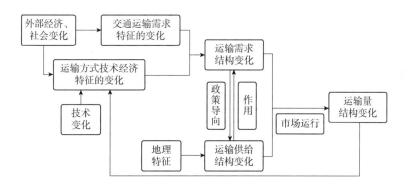

图 5-1 交通运输需求的影响因素

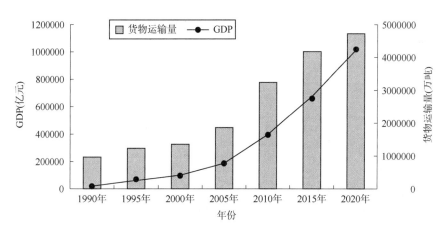

图 5-2 1990—2020 年我国货物运输量与 GDP 关系图

2.经济结构

从历史规律看,不同的工业化发展阶段,运输需求不同。工业化中期,大宗物资需求最大;工业化后期,运输产品附加值高,运输需求增速放缓。工业化对交通运输产生重要影响,工业化的不同阶段,运输对象及运输需求是不同的。工业化初级阶段,运输对象从以农产品和手工业产品为主,逐步转向以大工业所需的矿产、能源、原材料、半成品和产成品为主。工业化中期,钢铁、水泥、煤炭等能源、原材料工业比重较大,它们的突出特点是长、大、笨、重,产品的运距较长,附加值较低,形成的运输量很大,形成的运输需求也会相对较多。工业化后期,装备制造等高加工度的制造业比重明显上升,运输产品的附加价值不断提高,运输品具有短、小、轻、薄、附加值高的特点,因此运量小,运距较短。同时,以信息产业为代表的电子与信息技术、航空航天技术、海洋工程技术、新能源与高效节能技术等技术密集型产业的发展,对于运输的服务效率和服务质量提出了更高的要求。

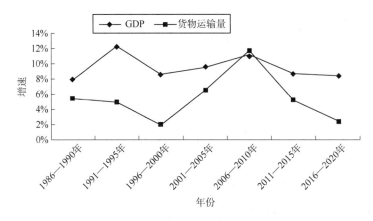

图 5-3　1986—2020 年我国货物运输量增速与 GDP 增速关系图

回顾我国 20 世纪 90 年代以来货物周转量与第二产业结构份额的关系,可以看出,随着我国工业化进程的不断推进,在工业化中期,第二产业比重达到峰值(工业化完成的标志之一是三产比例大于二产比例)。以第二产业比重达到峰值为分界点,我国货物运输量与第二产业比重的变化规律分为两个不同的阶段。第一阶段:第二产业比重上升阶段(1986—2006 年),该阶段内第二产业比重不断上升,从 1986 年的 43.4% 增加到 2005 年的 47.3%,2006 年达到 47.9% 的顶峰,在这个阶段,货物运输量增速呈现上升趋势,从 5.4% 增加到峰值 11.7%,见图 5-4。第二阶段:第二产业比重回落阶段(2007—2020 年),2006 年之后,工业比重开始下降,到 2020 年下降到 41.5%,同期货物运输量增速呈现下降趋势,从 2006—2010 年的 11.7% 下降到 2015—2020 年的 2.5%。

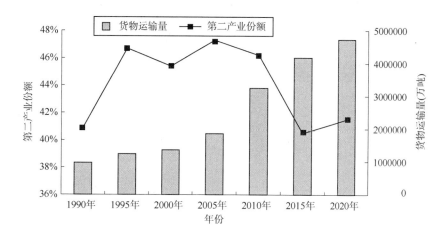

**图 5-4  1990—2020 年我国货物运输量与第二产业份额关系图**

我国货物运输量增速与第二产业比重呈显著的正向关系。当第二产业比重上升时,货物运输量增速加速增大;当第二产业比重下降时,货物运输量增速呈下降的趋势(图 5-5)。

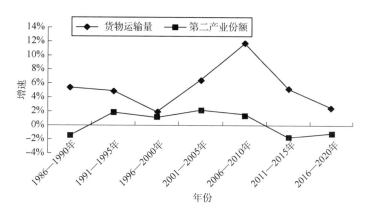

**图 5-5  1986—2020 年我国货物运输量增速与第二产业份额增速关系图**

### 3.收入水平

从我国历史数据来看,旅客运输量与人均 GDP 正相关,且增速小于人均 GDP 增速。从绝对数来看,我国旅客运输量与人均 GDP 呈正向关系,见图 5-6。旅客运输量从 1990 年的 772682 万人增加到 2020 年的 966540 万人,增加了 0.25 倍,年均增速为 0.77%。人均 GDP 也呈现增加的态势,从 1990 年的 1654 元增加到 2020 年的 71828 元,增加了 42.43 倍,年均增速为 13.89%。从增长弹性来看,从"七五"至"十三五"期间,旅客运输量增速随着人均GDP增速的波动而波动,且旅客运输量增速小于人均GDP增速(图5-7)。

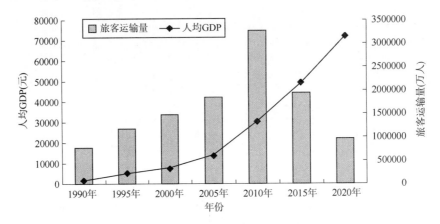

图5-6　1990—2020年我国旅客运输量与人均GDP关系图

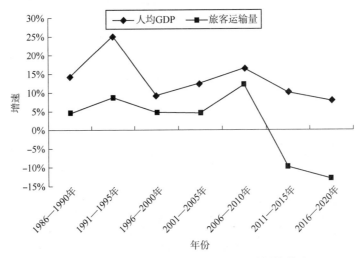

图5-7　1986—2020年我国旅客运输量增速
与人均GDP增速关系图

在旅客运输中,除工作性和生产性的旅客运输之外,很大一部分属于生活性的旅客运输,如因探亲、访友等所产生的旅客运输。这些需求尽管会随着居民收入水平的增加而不断增加,但始终受到居民收入水平的限制。人们只有在满足诸如衣食住行等基本需求的基础上,才会去追求高层次需求的满足。因此,当居民收入水平提高时,不仅交通需求量增加,对交通运输需求的层次也会相应提高,例如旅游运输需求及其他社交方面的出行需求也会相应增加,汽车营地、邮轮母港、通用航空、私人飞机等应运而生。

## (二)社会因素

### 1.城镇化

从历史规律看,集中式发展的城镇化空间布局出行距离短、频次高;城镇化程度越高,旅客周转量越大。不同的城镇化发展模式和空间格局,决定了不同的人口分布特征及出行距离,从而对客运出行带来深远的影响。如日本的城市群是以都市圈为核心的集约式发展,客运出行以轨道交通为主;而美国是以中小城市为主体的分散式发展,客运以飞机和汽车为主。我国人口和资源禀赋决定了要走集约和分散式相结合的城镇化道路。随着城镇化的推进,客运需求也不断增加,主要表现为:大城市间客运量规模大、频率高,逐步形成流量较大的运输主通道;同时,城市群内部各城市间的客运需求增长较快。

以我国20世纪90年代以来的城镇化率与旅客运输量数据来看,我国旅客运输量与城镇化率基本上呈正向关系,见图5-8。城镇化率从1986年的26.4%增加到2020年的63.9%,增加了30多个百分点。同时,旅客运输量也呈现增加的态势。从增速来看,我国旅客运输量增速与城镇化率增速呈正向关系,见图5-9。随着城镇化率增速的波动,旅客运输量增速同向波动,且增长的弹性系数基本呈线性关系,旅客运输量增速大于城镇化率增速。

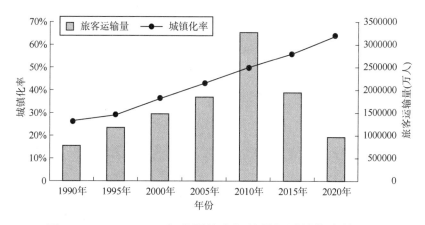

图 5-8　1990—2020年我国旅客运输量与城镇化率关系图

### 2.人口

从历史规律看,旅客运输量与人口总量正相关,且增幅大于人口总量增幅。旅客运输的服务对象是人,人口数量的变化必然引起旅客运输的变化。一般来说,在人口密集的地区,旅客运输需求量也会相应较高,而在人口较少的地区,旅客运输需求量便较低。当人口数量增加时,旅客运输需求量就会相应增加,见图 5-10。

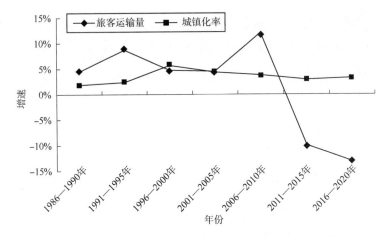

图 5-9　1986—2020 年我国旅客运输量增速与城镇化率增速关系图

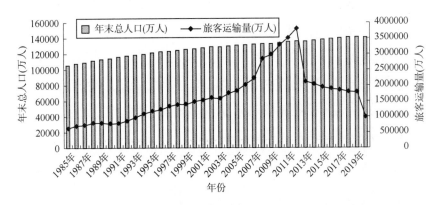

图 5-10　1985—2020 年旅客运输量与人口总量关系图

(三) 技术因素

1.新技术

当综合交通基础设施网络达到一定规模,网络扩张对于提高运输能力和运输效率的边际贡献率下降,技术进步成为提高运输效率的主要动力。在其驱动下,在交通运输网络规模保持稳定甚至有所收缩的情况下,仍能够满足经济社会发展所产生的各类客货运输需求。

如铁路运输领域,大力发展重载运输,能够大幅度提高铁路运输能力。美国自 20 世纪 60 年代开始发展重载运输,尽管目前美国铁路里程只有约 26 万公里,是其高峰总里程的 63% 左右,但美国货运总量和运输效率却一直在提高,这主要是运输技术提升的贡献。又如运输工具向大型化、专业化方向发展,也在不增加交通运输网络规模的情况下,实现了运输能力和运输效率的提高,最典型的例子是电气化铁路的发展。

进入21世纪以来,新一轮科技革命正在孕育兴起,颠覆性技术层出不穷,将成为社会生产力新飞跃的突破口。生产性出行方面,在5G技术推动下,工作沟通更加便利,进而减少出行需要。消费性出行方面,网络购物、外卖的推广应用使得刚性的外出购物需求不断减少,但未来更加智慧、便捷、舒适、低能耗、高效能的绿色出行技术与产品(例如服务机器人、自动驾驶汽车、智能穿戴设备等)将使消费性出行更加方便、体验更佳,可能在一定程度上刺激消费性出行需求。

2.信息化

从信息化对生产生活方式的影响来看,"互联网+"生活模式减少了购物、餐饮、工作等的出行需求,催生了快递配送业的爆发式增长。随着信息化技术的推广,人民的生活方式悄然发生变化,从而对交通出行带来深远影响。虚拟商场带来了购物方式上的变化,足不出户即可购买全球商品,减少了购物出行;网上订购餐饮减少了外出就餐的频次,不去饭店餐厅,在家里即可享用到各种美食外卖;网约车、拼车服务,从分享经济视角增加了小汽车载客率,减少了交通拥堵;信息化催生了一批自由职业者,通过网络办公,极大减少了办公出行。

(四)供给因素

1.交通基础设施供给

从基础设施供给总量影响看,基础设施供给对客货运输流量有先导作用,随着基础设施规模的增大,对流量诱增的边际效益逐渐递减。交通基础设施是实现客运需求的基础,基础设施的布局和质量直接影响综合交通系统的运输能力及对客运需求的适应程度;同时,基础设施规模的扩大与完善,提高了交通运输的服务水平,刺激了社会运输总需求的增加,从而促进了客货运量的增加。

以交通基础设施规模与货运量之间的关系为例:2004年之前,交通基础设施供给的增速保持在3%左右,货运量增速为10%~14%,交通基础设施供给对货运量诱增显著;而随着基础设施规模的不断扩大,2004年之后,交通基础设施供给的增速仍保持在3%左右,但货运量增速已经回落到7%以下,基础设施建设对货运量的诱增边际效益逐渐减小,见图5-11。

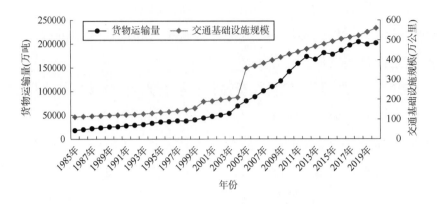

**图 5-11　交通基础设施规模与货物运输量的关系**

从各种运输方式的供给结构影响来看，供给结构对客货运量结构影响较大，不合理的供给结构会造成运输网络效能的极大浪费。从交通基础设施供给结构来看，提供什么样的设施将会导致什么样的运输服务。以公路为例，1985年以来，公路里程占全部基础设施里程（不含民航航线）的80%以上，公路货运量占比保持在75%左右，见图5-12。这种供给结构导致了运输结构不合理，公路运煤事件就是一个缩影。首先，公路运煤成本高，几乎为铁路运煤成本的9倍；其次，存在高能低用的问题，不论是用柴油作燃料还是用天然气作为货车燃料，用于运输煤炭，都是高能低用；最后，众多运煤车辆经常会由于各种原因形成大堵车，加上很多运煤车违章超载，存在安全隐患和破坏道路的问题。尽管存在这样那样的问题，公路运煤还是一种常态，这就反映出不合理的供给结构会造成运输网络效能的极大浪费。

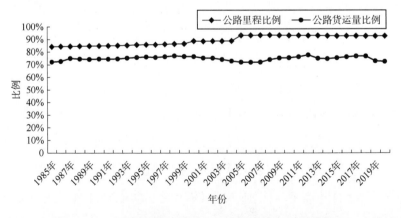

**图 5-12　公路里程比例与公路货运量比例的关系**

2.交通政策与制度环境供给

从交通政策与制度环境影响来看,合理有效的资金、制度的提供对客货运输发展至关重要。交通运输的发展离不开大的政策环境的支持。回顾我国改革开放以来的每一次交通大发展,都伴随着切实有效的运输政策和制度的出台。

以收费公路为例。自我国从1984年开始实施"贷款修路、收费还贷"政策以来,97%的高速公路、61%的一级公路和42%的二级公路采用收费公路方式建设,我国公路建设开启了快速发展模式,见图5-13。可见运输政策与制度环境对交通运输发展至关重要。

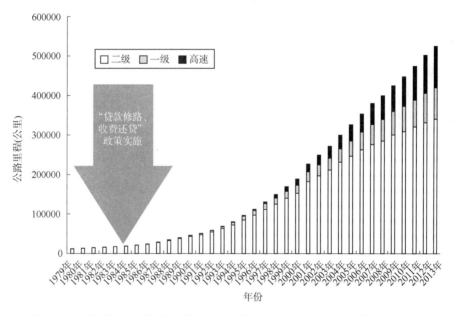

图5-13 贷款修路收费还贷政策实施以来我国公路里程发展示意图

## 二、承载对象压力测算方法

由于经济增长、社会发展本身不能直接加载在综合交通基础设施网络上,而是表现为以旅客和货物的空间位移这样的交通运输需求和客货运输量加载在综合交通基础设施网络上,因此可将承载对象压力的测算转化为客货运输量的测算。

(一)客货运输量测算总体思路

社会经济活动对交通运输的需求是通过客货运输量的形式反映出来的,客货运输量是交通运输需求与综合交通运输供给相互作用的结果,它是指在现有综合运输能力下所实现的交通运输需求。客货运输量与交通运输需求密切相关,但客货运输量并不完全代表经济社会对交通运输的需求。在综合交通运输供给完全满足交通运输需求的条件下,客货运输量基本上能反映交通运输需求;在综合交通运输供给不能完全满足交通运输需求的条件下,客货运输量不能代表社会经济活动对交通运输的需求,仅代表被一定运输设施所限制的交通运输需求,尚未被满足的交通运输需求部分就是隐性的交通运输需求。正是隐性交通运输需求影响着综合交通运输供给,使得运输业在技术、经济可行的情况下,努力增加综合交通运输供给,满足交通运输需求,并在提供服务的同时使运输业自身得到发展,这时,隐性交通运输需求就会转化为显性交通运输需求。

由于隐性交通运输需求较难量化测算,本研究在分析历史及现状承载对象压力的时候用实际统计的客货运输量来表征。在预测未来承载对象压力的时候,理论上是包含隐形交通运输需求的。

本研究中,承载对象压力测算的总体思路如下:在分析经济社会历史数据的基础上,标定交通运输需求与经济社会发展的相关理论,在梳理客货运输历史数据的基础上,总结交通运输需求的特征与规律,基于已有理论及规律,判断经济社会的发展趋势,选择合适的交通运输需求预测方法,建立预测模型,在定性分析与定量测算的基础上,输出预测结果,并进行交通运输需求总量、结构、特征等的分析,如图 5-14 所示。

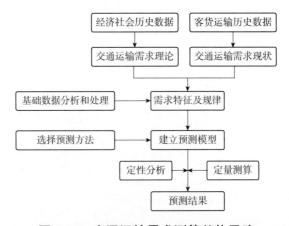

**图 5-14　交通运输需求测算总体思路**

**(二) 客货运输量预测方法**

为增强预测的准确性,常采取定性、定量预测相结合的方法。

1. 定性预测方法

定性预测方法主要以预测人员的经验判断为依据。预测者根据自己掌握的实际情况、实践经验、专业水平,对未来旅客运输发展趋势做出判断。其特点为:需要的数据少,能考虑无法定量的因素,比较简便可行。目前常用的定性预测方法有专家预测法、头脑风暴法、主观概率法以及情景分析法等。

2. 定量预测方法

定量预测是根据准确、系统全面的历史数据和调查资料,运用各种数学统计的方法来对事物未来的发展趋势、水平等做出预测。目前常用的定量预测方法有回归分析法、时间序列法、运输强度法、增速法、类比法等。

①回归分析法:在实际社会经济问题中,一个变量往往受到多个变量的影响。回归分析法是以相关性原理为基础,首先建立客货运输量与其有关社会经济影响因素之间的相关关系模型,然后通过对各影响因素未来值的预测推算出客货运输量的预测值。

②时间序列法:多用指数平滑模型。指数平滑模型是通过计算预测指标的指数平滑值,结合一定的时间序列预测模型,对预测对象未来发展趋势进行科学预测。当时间序列无明显的趋势变化时,可用一次指数平滑预测。

③运输强度法:运输强度法是基于经济社会与客货运需求之间的内在关系,在判断经济增长趋势的基础上,通过预判的运输强度值,即每万元 GDP 产生的客货物运输量,来预测客货运需求总量。

④增速法:增速法是根据预测对象的预计增长速度进行预测的方法。在分析历史增速变化规律的基础上,根据未来经济社会增长的估计来确定未来客货运量的增速。

⑤类比法:参照类似对象的特征,直接采用其预测模型参数或弹性系数等进行预测。这种方法中,类比对象的选择较为重要,相互之间需要具备可比性。

⑥弹性系数法:弹性系数法是基于经济社会发展与客货运需求之间的内在关系,在判断经济增长趋势的基础上,通过预判客货运需求相对 GDP 增长的弹性系数值,来预测客货运需求总量。弹性系数是指客货运需求增长速度与 GDP

增长速度之比,反映了客货运需求随社会经济发展的变动情况。

⑦投入产出法:投入产出法是把一系列内部部门在一定时期内投入来源与产出去向排成一张纵横交叉的投入产出表,根据此表建立数学模型,计算消耗系数,并据以进行货物运输需求分析和预测的方法。投入产出表一般为价值型表,它反映了各部门在生产过程中的相互间价值流动以及最终产品产出和分配价值量,而货物运输需求量是实物形态的,假设各部门对货物运输消耗的价值量是通过货物运输提供的实物量乘以部门货运价格计算出来的,通过该方法可以计算区域间的货物运输需求量。

以上定量预测方法结果置信的前提,是要保证研究对象在统计期与预测期是同构的。这些预测方法较少考虑系统机理的方向性及结构性变化,且大部分方法都需要预先知道被控对象的数学模型。实际上许多对象具有复杂的不确定性、时变性和非线性变化特征。

### (三) 客货运输需求层次划分方法

#### 1.客运需求分层

旅客运输需求可以看作是人的生活需求之一。在对人的需求层次的研究中,目前比较经典的是马斯洛从心理学提出的需求层次理论。马斯洛对人类千差万别的需求进行了层次划分,将人类所有的需求归为五种层次上的需求,即生理上的需求、安全上的需求、感情上的需求、尊重的需求、自我实现的需求。这五种需求呈现由低层到高层逐层递升的阶梯状,如图 5-15 所示。

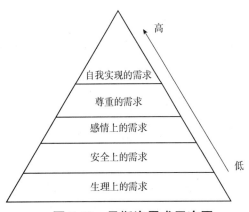

图 5-15　马斯洛需求层次图

马斯洛认为:五种需求像阶梯一样从低到高,按层次逐级递升,但这种次序不是完全固定的,而是可以变化,也有种种例外情况;一般来说,某一层次的需求相对满足了,就会向高一层次发展,追求更高一层次的需求就成为驱使行为的动力。相应的,获得基本满足的需求就不再是一股激励力量;同一时期,一个人可能有几种需求,但每一时期总有一种需求占支配地位,对行为起决定作用;任何一种需求都不会因为更高层次需求的发展而消失;各层次的需求相互依赖和重叠,高层次的需求得到满足后,低层次的需求仍然存在,只是对行为的影响程度大大减小。马斯洛和其他的行为科学家都认为,一个国家多数人的需求层次结构,是同这个国家的经济发展水平、科技发展水平、文化和人民受教育的程度直接相关的。

从经济角度研究客运需求发现,客运需求的层次结构与出行人的经济水平层次结构具有很强的相关性。经济水平的层次结构决定了出行人的收入(或支出)水平。旅客对运输质量的要求表现在通达、安全、可靠、快速、便捷、舒适等方面。根据对各种运输方式的旅客成分调查及对运输服务特性的要求,可以反映这种正相关性。旅客对运输的需求是随着社会经济的发展而变化的,其层次上的要求也是随着社会发展而发展的。在经济发展水平较低时,人们收入水平也较低,对出行的要求比较低,对服务质量、设备设施、运输速度等方面的要求并不高,能够走得了就行了。但是,随着人们生活水平、收入水平的日益提高,人们对出行的要求也越来越高,不仅要求走得了,还要走得好,并由此对运输提出了安全、快速、舒适等各个层次上的要求。参考马洛斯的需求层次理论,可以类似地将旅客运输需求划分成五个层次:通达性需求、安全性需求、快速性需求、舒适性需求、自由性需求。如图5-16所示。

图5-16 旅客运输需求层次结构示意图

需求理论认为,需求是有层次的,不同的市场需求主体对于商品、服务的质量、价格等方面有不同的需求层次,这种层次上的对接成功与否直接关系到需求的形成及需求向现实交易的转化。在综合交通运输中,运输市场存在着大量的位移需求者,他们有位移的需要,同时有不同层次的支付能力,但由于市场所提供的位移服务达不到其位移的要求,其并不愿意选择服务,因而无法形成有效需求。

从客运的角度来讲,因为旅客收入的多少直接决定其支付能力,支付能力对个体心理感受和行为决策有着决定性影响,限制了个人的消费水平和消费层次,从而影响旅客在出行过程中各个阶段的心理行为的表现,进而决定了个人出行的特性,因此可按照旅客收入水平进行客运需求的层次划分。在实际交通规划、交通研究中,可根据旅客收入划分为低收入、中等收入、高收入3个层次来体现需求的层次。

客运需求现状层次占比可以通过调查的方法获得,针对具体的交通网络、交通通道、交通线路上旅客的需求层次结构,可通过设计问卷,进行基于实际的 RP 调查(Revealed Preference Survey)获得。RP 调查是根据旅客的实际出行选择情况进行的调查。

未来客运需求不同层次占比的预测也可以通过调查的方法获得,即针对规划交通网络、交通通道、交通线路情景下的旅客的需求层次结构,通过设计问卷,进行基于意向的 SP 调查(Stated Preference Survey)获得。SP 调查是指人们为了获得"对假定条件下的多个方案所表现出来的主要偏好"而进行的意愿性调查,该调查依据人们对新事物的认识,通过设置假设性的问题,分析假定条件下的个体行为。

2. 货运需求分类预测方法

1) 货运需求分类

货运需求同客运需求的决定因素有所不同,影响客运的直接因素是人的主观愿望,而影响货运需求的直接因素是产业结构和货物种类,因此货运需求层次结构同客运有着很大的不同。

随着社会经济的发展、国家经济政策、产业结构、能源结构的变化,货运需求正发生着巨大的变化:一是由大宗货物(煤、矿石、粮食等)运输发展成为全社会、多方位、多品种的货物运输,货物种类大幅度增多;二是随着我国工业的发展和产业结构的优化,煤炭、铁矿石和钢材等大宗货物的运输需求有所下降,高附加值产品在产品结构中所占比例稳步上升,运输强度进一步显著下降;三是人民群众消费水平的提高对消费品产生更多的需求,促进小批量、多批次、高价值货运需求量的增加,以及对更快速、更便捷、更准时物流配送需求的增加。这些变化表明,货运需求的层次性并没有体现在随某个变量而由某种层次的需求向另一种层次的需求提升的趋势上,它的层次性主要体现在由于货物种类的变化而产生的不同运输需求上。

货物分类可运用 Activity Based Classification 分类法,按照货物的价值不同将其分为高价值、低价值、一般价值三类货物运输需求。不同价值类别货物运输需求品质的差异见表 5-1。

(1) 高价值货物运输需求

高价值货物是指货物自身价值高或者货物的附加值高,前者指货物自身的价值很高，主要是制造货物所使用的原材料价值高、所使用的资源稀有或者不可再生；后者是指投入少产出多的货物。一般来讲，高价值货物有医药产品、电子产品、精密仪器等，这类需求的单位需求量货物价值较高，运输需求更关注时效性、安全性等，对经济性不太敏感，相对来说，运输成本不是很重要。

(2) 低价值货物运输需求

低价值货物是指单位需求量货物价值低的货物，主要包括煤炭开采和洗选产品、石油和天然气产品、黑色及有色金属采矿产品、冶炼及压延加工产品、粮食等。这类货物运输需求量大、运距也较长，对经济性比较敏感，一般选择运输成本较低的运输方式，对运输需求的准确性、时效性要求低于高价值类运输需求。

(3) 一般价值货物运输需求

除了高价值货物、低价值货物之外的货物都称为一般价值货物。这类货物种类较多，有农副食品类、饮料类、烟草类、纺织品类、文教体育用品类等。一般价值货物运输需求对时效性、方便性、经济性等方面都有要求，在交通方式选择方面的偏好特征不是特别明显。

**不同价值类别货物运输需求品质的差异** 表 5-1

| 需求种类 | 安全性 | 时效性 | 准确性 | 方便性 | 经济性 |
|---|---|---|---|---|---|
| 高价值货物 | 高 | 高 | 高 | 高 | 低 |
| 低价值货物 | 高 | 低 | 低 | 高 | 高 |
| 一般价值货物 | 高 | 中 | 中 | 高 | 中 |

2) 不同价值类别货运需求占比

通过货物运输需求与经济发展、产业结构的相关关系分析，认为高价值和一般价值货物运输需求的预测可以采用产值系数法，低价值货物运输需求的预测可以采用产运系数法。

产值系数法即高/一般价值货物运输需求量等于高/一般价值货物品类对应的行业未来发展产值乘以高/一般价值货物产值系数，行业未来发展产值可通过相关专项产业规划及调查获得，产值系数通过统计分析进行趋势或类比预测获得。

产运系数法即低价值货物运输需求量等于低价值货物品类的未来产量乘以低价值货物的产运系数，货物未来产量可通过货品的储量、储存条件及其分布、开发时序等确定，产运系数可通过统计分析进行趋势或类比预测获得。

预测出各类货物运输需求量之后,即可计算得出不同价值类别货运需求的占比。

**(四)承载对象压力测算结果形式**

1. 交通运输需求总量-客货运输量

交通运输需求总量是承载对象压力的总体表现,但总量的承载并不能代表结构上也能够承载,因此还需要从结构的角度分析客货运输需求,即客货运输需求的层次。

2. 交通运输需求结构

按照不同层次客运需求分层方法、不同价值类别货运需求分类方法,在交通运输需求总量预测的基础上得出客货运需求的结构。

## 第二节 承载能力的影响因素及测算方法

承载体即综合交通基础设施网络,是指由区域内节点城市、各种交通方式线路及场站组成的综合交通复合网络,承载体的承载能力即综合交通基础设施网络的承载能力。

### 一、承载能力的影响因素及其相关关系

综合交通基础设施网络是由多种运输方式组成的,每一种运输方式都有自己的固定设施、移动设备和运营组织方法,而且每种运输方式子系统之间还要有效衔接、协调配合,因此综合交通基础设施网络是复杂的,构成网络的每一个部分都会对综合交通基础设施网络的承载能力造成影响。综合交通基础设施网络承载能力的大小取决于综合交通基础设施网络的内部特征和外部因素两个主要方面。其中,内部特征包括两个方面,一是综合交通基础设施网络本身,即网络的规模和空间布局结构等,二是移动设施,即网络上移动设备的配置等;外部因素主要是指综合交通运输组织水平和网络运输服务水平,如图5-17所示。

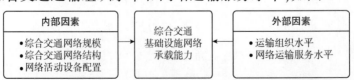

图5-17 综合交通基础设施网络承载能力的影响因素

## (一)综合交通基础设施网络规模

综合交通基础设施网络总体规模是决定综合交通基础设施网络承载能力大小的主要因素,包括网络的里程、覆盖密度、线路等级等。一般而言,综合交通基础设施网络规模越大、密度越大、线路等级越高,能够提供的承载能力越大。

## (二)综合交通基础设施网络结构

两个相同规模的综合交通基础设施网络,由于网络的功能结构、等级结构和布局结构不同,运输能力不同。因此,提高网络运输能力不能过多地注重综合交通基础设施网络规模的增大,综合交通基础设施网络规模的增大只有在结构优化的配合下才能真正发挥网络的功能。综合交通基础设施网络规模的增大属于粗放式增长,而综合交通基础设施网络结构的优化属于集约式增长。只研究综合交通基础设施网络规模、不研究综合交通基础设施网络结构优化,会导致对网络问题的低层次认识和理解。

## (三)网络活动设备配置

综合交通基础设施网络中线路、港站、枢纽等的设置为运输生产提供了必要的基础,但仅有这些设施,运输生产是无法进行的,还必须有用来装载旅客和货物的工具,即运载工具,运输生产才能顺利进行下去,并且运载工具的数量、结构、分布及运用规则等直接影响运输能力的发挥。

## (四)运输组织水平

运输组织是关于对运输资源进行科学、经济、合理配置和利用的理论和技术。随着运输需求的不断发展,需要科学合理地规划综合交通网络中固定的线路设施和运输设备,实现运输资源的动态合理配置。若运输组织不当,综合交通网络的运输能力将受到影响。

## (五)网络运输服务水平

网络运输服务水平通常用网络能力利用的饱和度来衡量。当网络的承载压力大时,网络饱和度过高,网络中拥挤路段(拥挤点)的数量增加,必将导致运输服务水平的降低。若对运输服务水平的要求高(即将网络运输资源的能力利用率限制在要求的区间内),则虽然可以保证网络运输畅通,但对于同样的运输网络资源而言,其可利用的程度降低,能够容纳的客货运输量也将减少。总体上分析,网络运输能力与服务水平呈反比关系,即运输能力越大,对应的服务水平相对越低。

## 二、综合交通复合网络构建及承载能力测算方法

### (一)综合交通复合网络构建及承载能力测算方法

#### 1.综合交通复合网络构建

综合交通复合网络是指区域内由节点城市、各种交通方式线路及场站组成的网络,该网络可以通过交通枢纽(枢纽站点)进行连接,从而形成协同完成运输需求的多层次网络叠加的复合网络。

根据已有研究,构建综合交通复合网络的方法有两种:一是直接将一个城市视为不同交通方式共同的节点,即在综合交通复合网络构建过程中,忽略城市内部不同交通方式之间衔接换乘的物理距离,将该城市同时映射为各种交通方式网络转换的节点,即在综合交通复合网络中将城市视为一个节点;二是通过电子大数据、电子地图等手段获得一个城市内不同交通方式枢纽(场站)之间的真实地理距离,在存在衔接换乘关系的交通方式场站间添加换乘边,进而构建连通的综合交通复合网络。本研究的目的是分析区域综合交通发展战略及规划、多种交通方式组成的主骨架(通道)网络的承载能力,因此选择第一种方法构建综合交通复合网络。综合交通复合网络拓扑结构见图5-18。

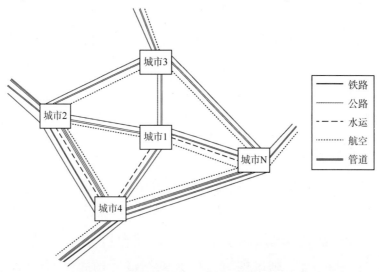

图5-18 综合交通复合网络拓扑结构图

2.综合交通复合网络承载能力测算方法

1)网络最大流测算方法

从综合交通复合网络拓扑结构图可以看出,综合交通网络的承载能力问题即是网络的最大流问题,因此综合交通复合网络承载能力的测算转化为综合交通复合网络容量的测算。网络最大流测算方法主要有如下4种:

(1)时空消耗法

该方法认为空间和时间是约束城市路网容量的重要因素,因此把城市路网想象成同时具有时间和空间属性的一个容器,再根据每个出行者出行一次所消耗的时空量和城市路网总的时空量来确定路网的容量,即路网容量(辆次/d)=城市道路设施有效面积×有效运行时间/单车占有的时空资源,其中,车辆运行过程中的平均车头间距为重要的计算参数。该方法优点是建模思想简单易懂,能够兼顾动、静态因素,且模型求解简单,缺点是需要大量数据和调查,没有考虑交通分布的不均衡性和出行者出行选择特征。因此适用于交通数据完备、路网形式简单、修正系数易于标定的情况。

(2)线性规划法

该方法计算在路段容量限制条件下路网的最大流量。按照约束条件的不同,可以分为给定弧容量并指定OD[1]间路线情况下的最大流和两层极值模型两类。前者是指在路网OD形态一定(即每对起讫点之间的OD量与整个路网所承担的OD之比为已知)、满足可行流条件及道路通行能力约束条件的路网最大流量的极值模型;后者是一个由上、下两层极值组成的模型,上层计算的是在系统最优(路网中所有出行者的出行时间之和最小)的条件下路网的最大流量,下层计算的是满足可行流条件下整个路网的最小出行时间。该方法优点是出行路径的选择过程科学,有模型作为理论依据,建模目标明确、约束清楚;缺点是路径选择模型的建立有一定个人主观性,属于非凸规划模型,无精确解,计算量庞大。因此适用于路网节点简单、路径选择自由度较低、路网约束条件清楚、研究目标明确的情况。

(3)割集法

该方法是针对简化成图(有向图或无向图)的路网,运用图论的相关理论与

---

[1] OD:O 指 Origin(起点),D 指 Destination(终点)。

方法,计算最大运输量。由于实际路网是一个多起点、多终点、随机开放的复杂系统,需要将实际的路网抽象成一个单起点、单终点的理想图,才可以用图论中的最大流最小割定理。目前,简化路网及寻找路网的最小割集的模型有修正模型和衍生割集网络极大流模型两种。割集法优点是具有数学理论支撑和相对成熟的计算机实现算法,缺点是计算结果精度不高,不能很好表现交通网络的独特特点。因此,适用于路网易于简化为单起点、单终点的理想图的情况。

(4)交通分配模拟法

交通分配模拟法是一种将交通分配和图论结合起来的算法,基本原理是将交通量采用 IA(Incremental Assignment)逐步分配到路网上,每次分配都以前次分配为基础(即将该次分配量加上去),当有弧达到饱和时,就将其删除,当网络被分割成两部分时,所对应的分割线即为最小割集,此时的累加流量即为路网容量。该方法优点是交通流量的分配更趋于合理化;缺点是没有对迂回路线进行限制,因此会导致计算结果偏大。该方法适用于交通出行者路径选择自由度较大的交通网络。

2)综合交通复合网络最大流测算方法

根据分析,综合交通复合网络承载能力的计算问题可转化为多起点、多终点的路段容量约束条件下无向网络最大流问题,满足网络最大流-最小割基本原理。综合交通复合网络承载能力测算的实质是求所有节点(城市)对组合最大能力(容量)问题,其基本思路是不断分割路网,直至分析所有节点(城市)对,最后得到的最小割之和即为路网容量,可采用多端最大流算法和衍生割集算法。

多端最大流算法的基本原理为:令 $N=(V,E,U)$ 为无向网络,其中,$V$ 为顶点集,$E$ 为边集,$U$ 为容量集,$U=\{\mu(i,j)=\mu(j,i)\}$,$\mu(i,j)$ 为连接顶点 $i$ 与顶点 $j$ 之间的边的容量,$f_{ij}$ 为顶点 $v_i$ 到 $v_j$ 的最大流,$S(V_i,V_j)$ 为分离 $v_i$ 与 $v_j$ 的最小割容量,$f_{ij}=\mu(V_i,V_j)$。任意另外两顶点对 $v_k$ 与 $v_l$,如果 $v_k$ 与 $v_l$ 均在 $S(V_i,V_j)$ 的同一侧,则定义在割 $S(V_i,V_j)$ 的另一侧顶点被抽象为一个顶点,在抽象后的网络中,$v_k$ 与 $v_l$ 之间的最大流仍为原网络的最大流。即多端最大流算法的基本思路是反复生成网络最大树,每次考虑一对节点(城市)对,逐次分析各节点(城市)对之间的最大流。若路网节点数为 $n$,则需 $n-1$ 次迭代就能得到所有节点的最大流。

衍生割集算法(Evolving Cut Set Method,简称 ESC 法)的基本原理为:设网络

$W\text{-}G(V,L)$ 的源点集(即发点集)为 $s$,包含源点集及若干个与 $s$ 相通的中间点的集合 $s'$ 称为源点集 $s$ 的衍生源集,$s$ 称为初始衍生源集,所有衍生源集的集合记为 $\tilde{S}$。每一个衍生源集对应着一个 $s\text{-}t$ 割集,通过逐步扩充衍生源集可找到网络 $W\text{-}G(V,L)$ 的所有 $s\text{-}t$ 割集。在求出网络的所有割集以后,通过比较这些割集的容量,求出最小割集的容量(即极大流)。最小割集容量为 $\min C = \min\{CC_{(1)}, CC_{(2)}, \cdots, CC_{(M)}\}$,其中 $CC_{(i)}$ 为第 $i$ 个割集的容量。

下面通过算例图给出具体的测算流程。建立一个抽象的综合交通复合网络,C1 表示城市 1,其他依次类推。各城市间路网容量如图 5-19 所示。

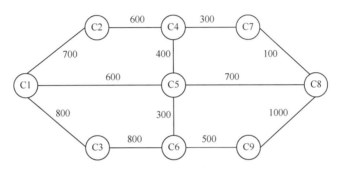

图 5-19 算例网络结构图

第一步:基于 ESC 算法,取城市 1 和城市 2 之间的最小割集 $S(V_{C1}, V_{C2}) = \{(C1,C2),(C4,C5),(C7,C8)\}$,如图 5-20 中虚线所示,构造最大生成树,树枝的一端为城市 2、城市 4 和城市 7 组成的城市集合,而另一端为由城市 1、城市 3、城市 5、城市 6、城市 8 和城市 9 组成的城市集合,边的容量为 1200,如图 5-21 所示。

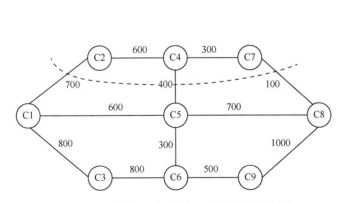

图 5-20 城市 1 与城市 2 之间的最小割

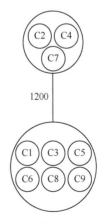

图 5-21 分离城市 1 与城市 2 后的最大生成树

第二步:基于 ESC 算法,取城市 2 和城市 4 之间的最小割集 $S(V_{C2},V_{C4})=\{(C2,C4),(C5,C4),(C7,C8)\}$,如图 5-22 中虚线所示,构造最大生成树,城市 4 和城市 7 从原城市集合中分离,边的容量为 1100,城市 4 和城市 7 通过城市 2 与树的另一端相连,如图 5-23 所示。

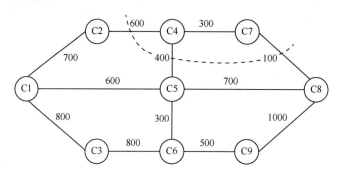

图 5-22 城市 2 与城市 4 之间的最小割

第三步,依次其他城市对实施迭代。最后一步迭代中,城市 5 和城市 6 均在割 $S(V_{C6},V_{C9})$ 同一侧,城市 8 和城市 9 组合成城市集合,取城市 5 和城市 6 之间的最小割集 $S(V_{C5},V_{C6})=\{((C2,C4,C7,C1,C3),C6),C6,((C9,C8),C6)\}$,如图 5-24 中虚线所示,城市 6 从收缩点(C5,C6)中分离,边的容量为 1600,割树完成,如图 5-25 所示。

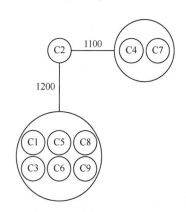

图 5-23 分离城市 2 与城市 4 后的最大生成树

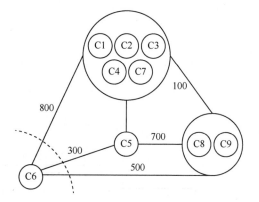

图 5-24 城市 5 与城市 6 之间的最小割

依据最大生成树,可以获得所有城市对之间最大流矩阵,同样,得到算例综合交通复合网络容量 $C_N = \sum S(V_{Ci},V_{Cj}) = 10800$。

综合交通复合网络承载能力的计算方法与该算例类似,只是网络的节点对数比算例多,网络连接关系更复杂。

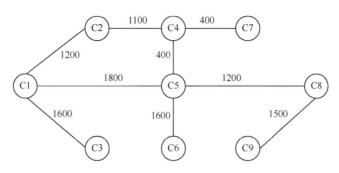

图 5-25　分离城市 5 与城市 6 后的最大生成树

**3.综合交通复合网络中运输通道承载能力测算方法**

综合交通复合网络是由多个运输通道串、并联等形成的。综合运输通道是综合交通基础设施网络的主骨架,因此综合运输通道承载能力的测算是综合交通复合网络承载能力测算的基础。

通道运输能力是指在一定运输条件下,通道内的固定设施和移动设施运载能力的总和。由于运输通道由多种运输方式的不同路径和节点组成,不同的运输路径由枢纽衔接在一起,形成并联、串联和混联结构,相互交叉、错综。而每种运输方式技术经济特征不同,各运输方式的路径和枢纽的能力测度的表述也不同,建立统一的测度方法或指标体系难度很大。因此,本研究认为通道能力的测度分为宏观测度和微观测度两个层次,单位时间内的客、货运量作为通道的宏观能力测度指标较为合理,并采用年输送的换算货物吨数(万吨/年)为测度单位;节点能力和路径的各路段能力作为微观指标,其计算单位分别为单位时间内的通过或处理量(车/船/飞机/货物吨数)、单位时间内的通过量(车/船/货物吨数)。通道能力测度指标如图 5-26 所示。

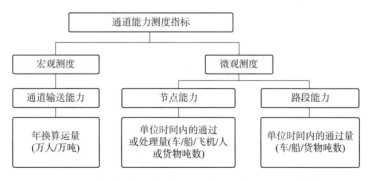

图 5-26　综合交通复合网络中通道能力测度指标

通道的输送能力由各种运输方式或线路的能力叠加而成。对一条通道而言,它由众多的节点和路径组成,根据通道内的节点,可将通道分为众多的区段(主要是根据通道内路径数量和路径类别发生突变的点进行区段划分,目的是使区段内的所有路径均形成并联关系),则通道的输送能力就是通道内最小的区段输送能力。

$$Q = \min\{Q_1, Q_2, \cdots, Q_k\} = \min_{k=1,\cdots,m}\{Q_k\} \tag{5-1}$$

式中:$Q$——通道内换算货物运输能力(万吨/年);

$m$——通道内区段的数量;

$Q_k$——通道内区段 $k$ 的换算货物运输能力(万吨/年)。

进行了区段拆分后,区段内的各路径间是并联的关系,因此,区段的输送能力实际为区段内各路径输送能力的加和。区段 $k$ 的输送能力 $Q_k$ 按下式计算:

$$Q_k = \sum_{i=1}^{n} Q_{ki} \tag{5-2}$$

式中:$n$——区段 $k$ 的路径数量;

$Q_{ki}$——区段 $k$ 的路径 $i$ 的换算货物运输能力(万吨/年)。它受某一路段或某一节点的最小通过能力限制,即:

$$Q_{ki} = \min\{Q_{ki1}, Q_{ki2}, \cdots, Q_{kin}\} = \min_{j=1,\cdots,p}\{Q_{kij}\} \tag{5-3}$$

式中:$Q_{kij}$——区段 $k$ 的路径 $i$ 第 $j$ 路段(区间)的换算货物运输能力(万吨/年);

$p$——路径 $i$ 的路段(区间)数量。

### (二)各种通输方式的能力测度

#### 1.铁路

铁路的能力测度是指铁路运输能力,包括通过能力和输送能力。通过能力是指每一铁路线路、方向和区段,根据现有的固定设备,在一定类型的机车、车辆和一定的行车组织方法的条件下,于每昼夜所能通过的最大列车数、车辆数或货物吨数。输送能力是指每一铁路线路、方向或区段,在一定的固定设备,一定类型机车、车辆和行车组织方法下,铁路以其活动设备、机车、车辆等数量及人员配备情况,于每昼夜内所能运送的最大列车数或车辆数、货物吨数。铁路的通过能力实际是区段通过能力,它由区间通过能力、车站通过能力和机务设备通过能力中最小的一个决定。有时也把铁路线在一昼夜时间内能够通过的最大行车量(列车对数或列车数)称为铁路线的通过能力,把铁路线在一年内所能通过的最大货流量称为该铁路线的输送能力。由于每个区段的通过能力和输送能力并不相同,所以这种测度实际并不妥帖,但可以作为宏观上的一种测度方法。

为了充分考虑不同区段铁路的能力,首先根据网络中的重要节点或重要区段,将线路分成不同区段,分区段计算铁路线路输送能力。

铁路客运设计运输能力的计算公式如下:

$$T_{年} = N_{客} \times K_{使} \times P \tag{5-4}$$

式中:$T_{年}$——线路年输送能力(万人);

$N_{客}$——列车通过能力(对);

$K_{使}$——使用能力系数;

$P$——核定载客能力(万人/列)。

铁路区间货物输送能力计算公式为:

$$T_{货} = \left( \frac{N_{货} \cdot f}{K_{波}} \cdot Q \cdot \psi_{载} \cdot T_{满} \cdot 365 \right) / 10000 \tag{5-5}$$

式中:$T_{货}$——区间的换算货物输送能力(万吨/年);

$N_{货}$——重车方向货物列车通过能力(对);

$K_{波}$——货物列车月间行车量波动系数,取1.1;

$f$——货物列车能力利用系数,取0.9;

$Q$——运行图规定的货物列车牵引质量(吨);

$\psi_{载}$——货物列车载重系数,取0.58;

$T_{满}$——货物列车满轴系数,取0.9。

2.公路

公路能力测度指公路通行能力,它是一定时段和通常道路、交通、管制条件下,车辆或行人通过道路某一点或均匀断面上的最大小时流率。它实际是道路上某一地点的交通能力。从使用意义上来说,可分为基本通行能力、可能通行能力和设计通行能力。公路节点(车站)的能力测度主要指设计年度平均日发送量,是车站建设的基础。

公路通行能力=公路线路单向车道数×单车道通行能力。

设计通行能力是指实际道路可能接受的通过能力,考虑了人为主观对道路的要求,按照道路运行质量要求及安全、交通条件等因素确定,更能反映真实的通行能力。因此,单车道通行能力采用公路设计通行能力。高速公路的基本通行能力与设计通行能力见表 5-2,二、三、四级公路的设计通行能力见表 5-3。

**高速公路的基本通行能力与设计通行能力**　　表 5-2

| 设计速度(公里/时) | 120 | 100 | 80 |
|---|---|---|---|
| 基本通行能力(当量交通量/时/车道) | 2200 | 2100 | 2000 |
| 设计通行能力(当量交通量/时/车道) | 1600 | 1400 | 1200 |

**二、三、四级公路的设计通行能力**　　表 5-3

| 公路等级 | 设计速度(公里/时) | 基本通行能力(当量交通量/时) | 设计通行能力(当量交通量/时) |
|---|---|---|---|
| 二级公路 | 80 | 2500 | 550~1600 |
|  | 60 | 1400 |  |
|  | 40 | 1300 |  |
| 三级公路 | 40 | 1300 | 400~700 |
|  | 30 | 1200 |  |
| 四级公路 | 20 | <1200 | <400 |

3. 水运

水运能力测度主要指航道通过能力,它是指在一定的船舶技术性能和一定的运行组织方法条件下,一定航道区段在单位时间(昼夜、月、年或航期)内可能通过的货吨或航吨数,它取决于各困难航道的通过能力及其相互影响。水陆运输的节点(港口)通过能力是指在一定的时期内所能装卸船舶的最大货物吨数,其中包括码头、锚泊地、浮筒和库场的通过能力,一般分为理论通过能力、营运通过能力和后备通过能力。

4. 航空

航空运输能力测度主要是指飞机场和航空港的规模和每昼夜可能承担的起飞和着陆的飞机数,有时也用航空港的旅客吞吐能力表示。

为了考虑机场建设的战略性和地区公平性,机场起降能力按照不同的飞行区等级进行衡量。取对应飞行区等级下不同机场间起降架次的最大值为机场起降能力。

5.管道

管道能力测度主要指其输送能力,是指一年中管道输送液体(或气体)的数量,由输油(气)管道的直径、泵站能力及管路的摩阻损失等特性决定。

从五种运输方式的能力测度表述来看,铁路的能力测度最复杂,铁路、水运、管道共同拥有线路输送能力这个测度,但这种测度只是一种宏观上的路段能力的测度。公路的能力测度最特殊,它用通过路段某一点或均匀断面上的最大小时流率来表征能力的大小。五种运输方式的能力测度全部依据"木桶短板",由各影响因素的最小能力决定。也就是说,五种运输方式的能力测度,实际是全部依据"木桶短板"确定的宏观上的线路运输能力测度或微观上的路段、节点能力测度,如图 5-27 所示。

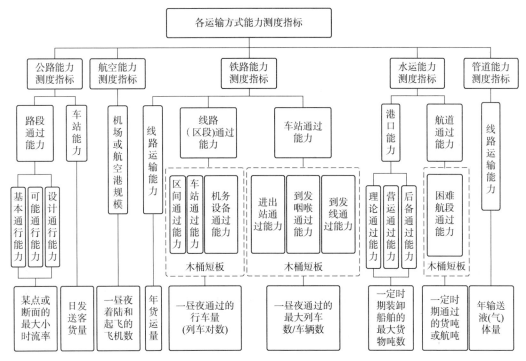

图 5-27 各运输方式能力测度指标体系

(三)承载能力测算结果形式

1.综合交通基础设施网络承载能力总量

根据综合交通基础设施网络承载能力的测算方法,综合交通基础设施网络承载能力总量表现形式有三种,分别是:区域综合交通复合网络的最大流(网络容量)、综合交通网络中各个综合运输通道的输送能力、通道内不同路段的输送能力(各种交通方式的输送能力)。

2.综合交通基础设施网络承载能力结构

根据相关研究,将综合交通基础设施网络的承载能力结构分为三个层次或能力链:速度链、价值链、批量链。速度链要求有满足不同速度需要的能力,大致分为快速运输能力、中速运输能力、低速运输能力;价值链要求有满足不同价值货物或不同时间价值人群的输送能力,也可按高、中、低分类;批量链要求有满足不同大小批量产品或人群的输送能力,可分为小批量低频率运输发送、小批量高频率运输发送、大批量低频率运输发送、大批量高频率运输发送四类(图 5-28)。一般,价值越高的货物或时间价值越高的人群要求的运输速度越快,其运输的批量越小,因而,后两个"链"的能力要求可以统一在"速度链"一个结构上。

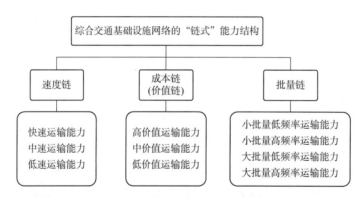

图 5-28 综合交通基础设施网络的"链式"能力结构图

综合交通基础设施网络的通行能力与活动设施的运载能力的综合,最终表现为线路的运输能力,如快速运输能力、中速运输能力、低速运输能力。一般情况下,适应低速运输能力的商品(如煤、砂石等)是不能用更高速度的能力去输送的,这是因为它不能承受高的运费;适应高速运输能力的商品(如报纸、服装、电子产品等)也是不能用更低速度的能力去输送的,这是因为它不能承受高的时间价值。所以,上述的分层能力是不可以互相替代的,如果交通运输的需求链完整,相应也要求综合交通基础设施网络提供完整的能力链。

根据前文的需求层次及能力结构,并结合各种交通方式的技术经济特征,综合交通基础设施网络内需求和供给的层次对应关系见表 5-4。

**综合交通基础设施网络内需求和供给的层次对应** 表 5-4

| 交通运输需求 | | 综合交通网络供给 |
|---|---|---|
| 运输需求的层次结构 | 需求的密度和强度 | |
| 1.高价值货运需求 | 低强度高密度 | 高速公路、航空 |
| | 高强度高密度 | 高速公路、铁路或水运 |
| 2.一般价值货运需求 | 高强度高密度<br>高强度低密度<br>低强度高密度<br>低强度低密度 | 所有供给方式 |
| 3.低价值货运需求 | 高强度低密度 | 普通铁路、水运 |
| | 高强度高密度 | 普通铁路、水运、管道 |
| 4.高收入人群客运需求 | 低强度高密度 | 高速公路、航空 |
| | 高强度低密度 | 高速铁路 |
| | 高强度高密度 | 高速铁路 |
| 5.中等收入人群客运需求 | 高强度高密度<br>高强度低密度<br>低强度高密度<br>低强度低密度 | 所有供给方式 |
| 6.低收入人群客运需求 | 低强度高密度 | 普通公路 |
| | 高强度低密度 | 普通铁路、水运 |
| | 高强度高密度 | 普通铁路、水运 |

# 第六章 京津冀—长三角主轴承载能力分析实证

为了验证分析框架的有效性和可行性,选取京津冀—长三角主轴(京沪通道)作为实证对象,通过构建通道内的综合交通基础设施网络,测算通道运输需求和承载能力,分析2025年京沪通道的承载水平。为避免新冠疫情对交通运输产生的影响,选择2019年作为基年,2025年为特征年。

## 第一节 京津冀—长三角主轴交通线网构成

根据《国家综合立体交通网规划纲要》,京津冀—长三角主轴(京沪通道)是我国6条区域间、城市群间、省际以及国际运输的主动脉之一,连接华北和华东地区,贯通京津冀、长三角等城市群。京沪通道影响区包括北京、天津、上海3个直辖市,济南、南京2个省会城市及廊坊、沧州、德州、泰安、济宁、枣庄、徐州、蚌埠、宿州、滁州、镇江、常州、无锡、苏州共14个地级城市,覆盖人口占全国的26.7%,地区生产总值占全国的43.3%,通道内综合交通基础设施由铁路、公路、水运、航空、管道五种运输方式共同构成,主要交通基础设施如表6-1所示(本书未对管道进行分析)。

京沪通道主要交通基础设施列表　　　表6-1

| 运输方式 | 线路名称 | 起讫点 | 线路长度(公里) | 设计速度(公里/时) | 车道数 | 主要控制点 |
|---|---|---|---|---|---|---|
| 铁路 | 京沪高速铁路 | 北京—上海 | 1318 | 350 | — | 北京、天津、济南、南京、上海等 |
| | 京沪铁路 | 北京—上海 | 1462 | 120、140、160 | | 北京、天津、德州、济南、徐州、蚌埠、南京、无锡、苏州、上海 |
| | 京津城际铁路 | 北京—天津 | 120 | 350 | — | 北京、天津 |

续上表

| 运输方式 | 线路名称 | 起讫点 | 线路长度（公里） | 设计速度（公里/时） | 车道数 | 主要控制点 |
|---|---|---|---|---|---|---|
| 铁路 | 京滨城际铁路 | 北京—天津 | 170 | 250 | — | 北京、天津 |
| | 沪宁城际铁路 | 南京—上海 | 350 | 350 | — | 南京、上海 |
| 公路 | 京沪高速公路 | 北京—上海 | 1262 | 120 | 4、6、8 | 北京、天津、河北、山东、江苏、上海 |
| | 沪陕高速公路 | 南京—上海 | 494 | 120 | 4 | 南京、上海 |
| | 沪蓉高速公路 | 南京—上海 | 295 | 120 | 8 | 南京、镇江、常州、无锡、苏州、上海 |
| | 京津塘高速公路 | 北京—天津 | 142 | 120 | 4 | 北京、天津 |
| | 京津高速公路 | 北京—天津 | 147 | 120 | 8 | 北京、天津 |
| | 103国道 | 北京—天津 | 162 | 100 | 4 | 北京、天津 |
| | 104国道 | 北京—南京 | 1169 | 80 | 4 | 北京、河北、天津、山东、江苏、安徽 |
| 公路 | 105国道 | 北京—德州 | 355 | 80 | 4 | 北京、天津、河北、山东 |
| | 204国道 | 烟台—上海 | 501 | 80 | 4 | 连云港、上海 |
| | 205国道 | 天津—南京 | 1088 | 100 | 4 | 天津、河北、山东、江苏 |
| | 228国道 | 连云港—上海 | 500 | 80 | 4 | 连云港、上海 |
| | 233国道 | 天津—镇江 | 945 | 80 | 4 | 天津、临沂、连云港、扬州、镇江 |
| | 312国道 | 南京—上海 | 380 | 100 | 4 | 南京、镇江、丹阳、常州、无锡、苏州、昆山、上海 |
| 航空 | 机场包括：北京、天津、济南、徐州、常州、盐城、南京、无锡、南通、上海 | | | | | |

## 第二节 京津冀—长三角主轴需求压力预测

### 一、客运需求分析

#### （一）主要城市客运需求预测

京沪通道覆盖北京、天津、上海3座超大城市，济南、南京2座特大城市，这5座城市是京沪通道内客货运输往来的主要目的地，承担了京沪通道绝大多数的运输任务，将这5座城市作为京沪通道的主要城市。2011—2020年京沪通道各主要城市社会经济及交通运输基础数据见表 6-2。

**2011—2020 年京沪通道各主要城市社会经济及交通运输基础数据** 表 6-2

| 地区 | 年份 | 指标 | | | |
| --- | --- | --- | --- | --- | --- |
| | | 人均地区生产总值(元) | 城市化率 | 第三产业比重 | 客运量(万人) |
| 北京 | 2011 年 | 86246 | 86.20% | 82.3% | 145773 |
| | 2012 年 | 92758 | 86.29% | 81.0% | 149037 |
| | 2013 年 | 100569 | 86.39% | 78.7% | 71057 |
| | 2014 年 | 106732 | 86.50% | 80.6% | 71715 |
| | 2015 年 | 113692 | 86.71% | 92.6% | 69924 |
| | 2016 年 | 123391 | 86.76% | 86.9% | 69292 |
| | 2017 年 | 136172 | 86.93% | 89.5% | 67420 |
| | 2018 年 | 150962 | 87.09% | 90.2% | 67571 |
| | 2019 年 | 161776 | 87.35% | 89.6% | 72147 |
| | 2020 年 | 164889 | 87.55% | 72.6% | 36270 |
| 天津 | 2011 年 | 61458 | 61.61% | 52.0% | 25329 |
| | 2012 年 | 66517 | 62.06% | 52.7% | 28462 |
| | 2013 年 | 71345 | 62.97% | 54.1% | 29518 |
| | 2014 年 | 74960 | 63.45% | 55.1% | 19598 |
| | 2015 年 | 75868 | 63.94% | 57.2% | 19775 |
| | 2016 年 | 79647 | 82.93% | 60.5% | 19929 |
| | 2017 年 | 87280 | 82.93% | 62.0% | 19193 |
| | 2018 年 | 95689 | 83.15% | 62.5% | 19249 |
| | 2019 年 | 101557 | 83.48% | 63.5% | 19607 |
| | 2020 年 | 101614 | 84.88% | 64.4% | 11608 |
| 济南 | 2011 年 | 64309 | 65.00% | 65.0% | 7115 |
| | 2012 年 | 69444 | 65.70% | 65.7% | 8166 |
| | 2013 年 | 74993 | 66.00% | 66.0% | 12606 |
| | 2014 年 | 82052 | 66.40% | 66.4% | 13725 |
| | 2015 年 | 85919 | 67.90% | 67.9% | 14877 |

续上表

| 地区 | 年份 | 指标 | | | |
|---|---|---|---|---|---|
| | | 人均地区生产总值(元) | 城市化率 | 第三产业比重 | 客运量(万人) |
| 济南 | 2016 年 | 90999 | 69.50% | 69.5% | 15781 |
| | 2017 年 | 98967 | 70.50% | 70.5% | 17389 |
| | 2018 年 | 106302 | 72.10% | 72.1% | 18591 |
| | 2019 年 | 106416 | 71.20% | 71.2% | 19925 |
| | 2020 年 | 110199 | 72.50% | 72.5% | 21249 |
| 南京 | 2011 年 | 76263 | 79.70% | 52.4% | 42289 |
| | 2012 年 | 88525 | 80.20% | 53.4% | 46255 |
| | 2013 年 | 98011 | 80.50% | 54.4% | 49407 |
| | 2014 年 | 107545 | 80.90% | 56.5% | 15269 |
| | 2015 年 | 118171 | 81.40% | 57.3% | 15929 |
| | 2016 年 | 127264 | 82.00% | 58.4% | 16301 |
| | 2017 年 | 141103 | 82.29% | 59.7% | 16418 |
| | 2018 年 | 152886 | 82.30% | 61.0% | 15882 |
| | 2019 年 | 165682 | 83.20% | 62.0% | 15902 |
| | 2020 年 | 159322 | 86.80% | 62.8% | 11375 |
| 上海 | 2011 年 | 85897 | 89.30% | 58.6% | 13519 |
| | 2012 年 | 89613 | 89.30% | 61.0% | 14546 |
| | 2013 年 | 95746 | 89.60% | 63.7% | 15933 |
| | 2014 年 | 102827 | 89.30% | 65.3% | 17560 |
| | 2015 年 | 109186 | 88.53% | 68.3% | 18571 |
| | 2016 年 | 121369 | 89.00% | 70.9% | 19564 |
| | 2017 年 | 133489 | 89.10% | 70.7% | 20856 |
| | 2018 年 | 145767 | 89.13% | 70.9% | 21497 |
| | 2019 年 | 153299 | 89.22% | 72.9% | 22238 |
| | 2020 年 | 156803 | 89.30% | 73.1% | 11973 |

注:数据来源于历年各城市统计年鉴。

将表 6-2 中的数据导入 SPSS 软件,结合 2025 年各城市人均地区生产总值、城市化率和第三产业比重的预测值,运行回归分析后,得到 2025 年京沪通道各主要城市营业性客运量的预测结果,见表 6-3。

2025 年京沪通道各主要城市营业性客运量预测结果　　　表 6-3

| 城市 | 北京 | 天津 | 济南 | 南京 | 上海 |
| --- | --- | --- | --- | --- | --- |
| 客运量(万人) | 67099 | 20698 | 27651 | 15545 | 18385 |

受高速铁路开通的影响,我国营业性客运需求逐年萎缩,但是非营业性客运需求逐年增长(图 6-1)。在我国,非营业性客运主要指小汽车出行,私人游艇和私人飞机的出行数量还很少,且非营业性客运主要集中在高速公路上。在高速公路统计数据中,不超过 7 座的客车属于 I 型客车,平均座位数为 5.25 座,其中绝大多数是 5 座的小汽车。一般情况下,把不超过 7 座的客车数据作为非营业性客运数据来进行统计分析。为了全面测算综合交通基础设施网络的承载能力,在客运需求分析中,除了预测营业性客运需求外,还要考虑非营业性客运需求。

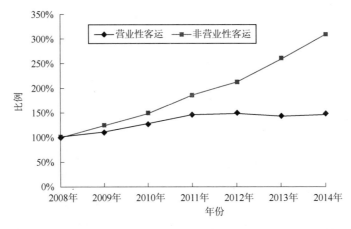

**图 6-1　高速公路非营业性客运及营业性客运量发展趋势**

注:以 2008 年数据为 100%。

由于非营业性客运主要集中在高速公路,且几乎未受高速铁路等其他方式的影响,因此对非营业性客运需求的分析预测可以独立进行。根据各条公路 2016—2019 年的流调数据,利用增长率法,预测得到 2025 年京沪通道内各条公路分区段的交通量,按照平均每辆车载客 3 人,计算得到公路非营业性客运量的预测结果,并叠加到客运需求分布结果中。

**(二)基于重力模型的客运需求分布预测**

1.城市间客运量分布预测模型

采用重力模型预测京沪通道内主要城市间的客运量。重力模型的数学表达式如下:

$$Q_{ij} = K \times (Q_i \times Q_j)^{\alpha} / R_{ij}^{\beta} \tag{6-1}$$

式中:$Q_{ij}$——城市 $i$、$j$ 之间的客运量;

$Q_i$——城市 $i$ 的客运发生量;

$Q_j$——城市 $j$ 的客运吸引量;

$K, \alpha, \beta$——模型估计参数;

$R_{ij}$——城市 $i$、$j$ 之间的阻力变量。

考虑到综合运输通道由多种运输方式组成,城市之间存在多条路径,因此重力模型中的阻力变量通过综合路阻函数表示。综合路阻函数 $R_{ij}$ 的数学表达式如下:

$$R_{ij} = \frac{1}{n} \sum_{k=1}^{n} R_{ij}^{k} \tag{6-2}$$

式中:$R_{ij}^{k}$——城市 $i$、$j$ 之间第 $k$ 种运输方式的阻力变量。

由于每种运输方式具有不同的技术经济特性,为了实现运输方式经济性、快速性、方便性、安全性和舒适性的量化处理,引入广义费用函数,即 $R_{ij}^{k}$,代表城市 $i$、$j$ 之间第 $k$ 种运输方式的广义费用,其函数形式如下:

$$\begin{aligned} R_{ij}^{k} &= f(经济性,快速性,方便性,安全性,舒适性) \\ &= f(E_k, F_k, C_k, S_k, A_k) \end{aligned} \tag{6-3}$$

式中:$E_k$——第 $k$ 种运输方式的票价;

$F_k$——第 $k$ 种运输方式的旅行时间换算费用;

$C_k$——第 $k$ 种运输方式的方便性换算费用;

$S_k$——第 $k$ 种运输方式的安全性换算费用;

$A_k$——第 $k$ 种运输方式的舒适性换算费用。

2.广义费用的计算

1)经济性 $E_k$

运输方式的经济性体现在出行者完成出行所需要消耗的费用,即出行过程中门到门的所有费用。考虑到出行起讫点与运输方式衔接所需的市内交通费用在总费用中的比重很小,因此取各种运输方式的票价作为经济性的衡量指标。

如表6-4所示,通过查询相关网站,得到京沪通道各主要城市间不同运输方式所需时间及费用。

京沪通道各主要城市间不同运输方式所需时间及费用　　表6-4

| 区间 | 航空 | | 高速铁路 | | 城际铁路 | | 普速铁路 | | 高速公路 | |
|---|---|---|---|---|---|---|---|---|---|---|
| | 行程时间(分) | 票价(元) | 行程时间(分) | 票价(元) | 行程时间(分) | 票价(元) | 行程时间(分) | 票价(元) | 行程时间(分) | 票价(元) |
| 北京—天津 | — | — | 40 | 58 | 30 | 54 | 110 | 20 | 60 | 40/140 |
| 北京—济南 | 50 | 1122 | 93 | 202 | — | — | 390 | 63 | 260 | 130/410 |
| 北京—南京 | 110 | 2220 | 212 | 464 | — | — | 900 | 130 | 650 | 251/1010 |
| 北京—上海 | 125 | 2150 | 274 | 576 | — | — | 1130 | 156 | 720 | 341/1200 |
| 天津—济南 | — | — | 79 | 136 | — | — | 275 | 51 | 180 | 126/325 |
| 天津—南京 | 100 | — | 256 | 412 | — | — | 790 | 135 | 600 | 252/890 |
| 天津—上海 | 110 | 900 | 335 | 530 | — | — | 1020 | 140 | 600 | 340/1080 |
| 济南—南京 | 60 | 800 | 165 | 290 | — | — | 500 | 80 | 300 | 200/620 |
| 济南—上海 | 80 | 1380 | 240 | 450 | — | — | 760 | 128 | 600 | 260/820 |
| 南京—上海 | — | — | 144 | 144 | 120 | 115 | 164 | 46 | 200 | 88/300 |

注:高速公路票价分乘坐长途汽车票价和私家车通行费用。

2)快速性 $F_k$

运输方式的快速性是通过门到门的时间消耗来衡量的,主要由两部分构成:一是在途旅行时间;二是起讫点与运输方式衔接所需的时间,包括出行两端市内交通时间和候车时间,其函数形式如下:

$$F_k = (T_k + T'_k) \cdot \text{VOT}_i \tag{6-4}$$

式中: $T_k$——第 $k$ 种运输方式的旅行时间(在途时间);

$T'_k$——出行起讫点与第 $k$ 种运输方式衔接所需的时间(非在途时间);

$\text{VOT}_i$——第 $i$ 类旅客的时间价值。

通过经验分析和市场调查,各种运输方式的$T_k'$差别较大:私家车可以实现门到门;公路客运几乎可以实现门到门运输,且候车时间较短,考虑市内交通时间,该值取 0.5 小时;铁路站与市内交通有良好的衔接,但在站候车时间较长,考虑到高速铁路和城际铁路的发车频率较高,该值取 1~1.5 小时,普速铁路取 1.5~2 小时;机场一般位于城市郊区,市内交通消耗时间较多,加之安检等时间消耗,出行两端总的时间消耗明显多于其他方式,该值取 3~3.5 小时。各运输方式$T_k'$的数值如表 6-5 所示。

**出行起讫点与不同运输方式衔接所需时间** 表 6-5

| 运输方式 | 航空 | 高速铁路 | 城际铁路 | 普速铁路 | 高速公路 |
| --- | --- | --- | --- | --- | --- |
| 非在途时间(小时) | 3~3.5 | 1~1.5 | 1~1.5 | 1.5~2 | 0.5 |

3)方便性 $C_k$

运输方式的方便性可以从可达性、中转换乘次数、开行频率、购票耗时、进出站便利性等方面考虑。可达性指是否可以经过尽量少的环节实现门到门运输,在这一方面,公路运输的可达性最好,航空最差。中转换乘次数是指旅客在一次出行中所需换乘的次数,主要指不同运输方式或同类运输方式之间的换乘。开行频率决定了乘客是否可以有更多同类运输产品可以选择,总体来看,公路和高速铁路较好,普速铁路和航空较差。购票耗时指购票需要的时间和精力的消耗,由于各运输方式已实现了线上购票,因此在购票耗时这一方面,各运输方式几乎没有差别。在进出站便利性方面,公路运输的进出站最为便捷,铁路次之,航空因安检及航站楼内部走行的原因在进出站便利性上较其他方式要差一点。

考虑到京沪通道内部各主要城市之间的交通线路为点对点直达,因此仅从进出站便利性的角度反映运输方式的方便性,其函数形式如下:

$$C_k = \mathrm{IO}_k \cdot \mathrm{VOT}_i \quad (6-5)$$

式中:$\mathrm{IO}_k$——第 $k$ 种运输方式进出站所需时间。

通过调查,各运输方式进出站所需时间如表 6-6 所示。

**各运输方式进出站时间** 表 6-6

| 运输方式 | 航空 | 高速铁路 | 城际铁路 | 普速铁路 | 高速公路 |
| --- | --- | --- | --- | --- | --- |
| 进出站时间(小时) | 0.6 | 0.4 | 0.4 | 0.4 | 0.2 |

4) 安全性 $S_k$

安全性指的是旅客所选运输方式的交通工具的安全程度,是旅客在出行过程中自身安全受保障程度的体现。运输方式的安全性通常用该运输方式的出行事故死亡率来衡量。根据既有统计数据,航空、铁路、公路运输的安全属性值分别取 0.99、0.99 和 0.8。

5) 舒适性 $A_k$

舒适性可以通过旅客消除因旅行产生的疲劳所需的时间来衡量。旅客消除疲劳所需的时间越短,则舒适性越好,反之越差。通常情况下,消除疲劳的时间不会无限延长,因此可以给定一个消除疲劳的极限时间 $L$,取 15 小时。舒适性费用与消除疲劳所需时间间的函数关系式如下:

$$A_k = T_{k\_rec} \cdot \text{VOT}_i \tag{6-6}$$

$$T_{k\_rec} = L/(1+\alpha e^{-\beta T_k}) \tag{6-7}$$

式中:$T_{k\_rec}$——第 $k$ 种运输方式中,消除疲劳所需的时间;

$\alpha,\beta$——待定系数。

参考既有研究成果,各运输方式的待定系数取值如表 6-7 所示。

各运输方式舒适性费用的待定系数取值　　　　　　　表 6-7

| 待定系数 | 航空 | 高速铁路 | 城际铁路 | 普速铁路 | 高速公路 |
| --- | --- | --- | --- | --- | --- |
| $\alpha$ | 65 | 59 | 59 | 49 | 39 |
| $\beta$ | 0.20 | 0.29 | 0.29 | 0.33 | 0.40 |

### 3. 不同需求层次旅客时间价值的计算

从上述广义费用参数的计算方式可以看出,在进行快速性、方便性和舒适性的费用换算时,需要用到不同类别旅客的时间价值。旅客时间价值的确定是一个非常重要又比较复杂的过程,时间对人而言是一种非再生资源。价值的创造不仅要消耗人的劳动时间,而且以消耗人的劳动时间的多少来度量价值,因此时间是有价值的。时间的节约意味着能把节约的时间用于其他生产而增加收入。综上所述,所谓时间价值,就是指由于时间的推移而产生效益增值量和由于时间的非生产性消耗,造成的效益损失量的货币表现。旅客的时间价值可以客观地反映旅客出行中所耗费时间的机会成本,或旅客对出行时间节省的支付意愿,它实质上反映了人类社会经济活动中的时间效率。一般来说,收入越高的旅客,他们的时间价值也越高。经济收入低的旅客愿意选择票价低、速度较慢的交通工具。这是因为这类旅客不愿意以较高的经济支出去换取节省的旅行时间,即这类旅客的时间价值较低。

根据既有文献,旅客时间价值能够涵盖许多影响旅客决策的因素。为此,通过计算不同类别旅客的时间价值,反映不同类别旅客在出行方式选择上的不同偏好,进而体现出行需求结构。通过比对京沪通道内交通基础设施供给对不同类别旅客出行需求的满足程度,分析供需结构上的承载水平。用小时工资率作为旅客的时间价值,计算公式如下：

$$\text{VOT}_i = S_i / (ab) \tag{6-8}$$

式中：$S_i$——市场调查中第 $i$ 类旅客的收入；

$a$——每月工作天数,按 22 天计算；

$b$——每日工作时间,按 8 小时计算。

各等级收入旅客的时间价值如表 6-8 所示。

**各等级收入旅客的时间价值** 表 6-8

| 收入(元) | <2000 | 2000~≤5000 | >5000 |
|---|---|---|---|
| 时间价值 $\text{VOT}_i$ | 11.36 | 19.88 | 28.41 |

**4.城市间客运量分布预测结果**

根据上述广义费用的计算方法,结合 2019 年京沪通道各主要城市客运量,计算得到通道内主要城市间不同运输方式的广义费用,将其代入式(6-1),结合 2019 年京沪通道各主要城市间不同运输方式的实际运量数据,完成重力模型的参数标定。最后,根据预测得到的 2025 年各城市客运需求以及 2025 年京沪通道影响区的人均时间价值,应用重力模型得到 2025 年京沪通道各主要城市间营业性客运需求分布预测结果,叠加非营业性客运需求后,客运需求分布结果如表 6-9 和图 6-2 所示。

**2025 年京沪通道各主要城市间客运需求分布** 表 6-9

| 预测指标 | 北京—天津 | 北京—济南 | 北京—南京 | 北京—上海 | 天津—济南 |
|---|---|---|---|---|---|
| 客运需求(万人) | 22319 | 2149 | 1888 | 4997 | 2558 |
| 预测指标 | 天津—南京 | 天津—上海 | 济南—南京 | 济南—上海 | 南京—上海 |
| 客运需求(万人) | 723 | 1231 | 264 | 899 | 26931 |

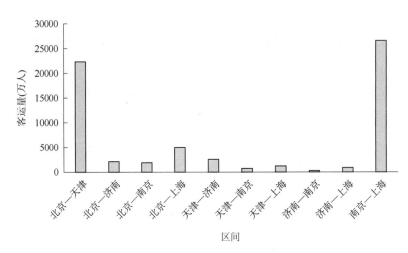

图 6-2　2025 年京沪通道各主要城市间客运需求分布图

(三) 各运输方式客运需求分配结果

根据表 6-1,利用 Transcad 软件,建立京沪通道交通基础设施网络。按照第五章运输需求分层相关理论,结合收入水平,将旅客群体分为三档,分别是高收入群体(5000 元/月以上)、中等收入群体(2000～5000 元/月)和低收入群体(2000 元/月以下)。各群体所占比重需要通过出行调查扩样获得。为简化流程,在此使用京沪通道各主要城市不同收入群体的占比替代。以北京为例,2019 年北京居民家庭人均可支配收入中位数大约是 6 万元,将处于中位数的 2/3 至 2 倍(4 万～12 万元)之间的人群划为中等收入群体,则 2019 年北京中等收入群体大约占常住人口的 55.8%,年收入超过 12 万的高收入群体比重约为 25%。根据现状各城市不同等级收入人群占比,结合各城市"十四五"发展目标,得到京沪通道各主要城市间不同等级收入旅客群体占比(表 6-10)。

2025 年京沪通道各主要城市间不同等级收入旅客群体占比　　表 6-10

| 区间 | 高收入旅客群体占比 | 中等收入旅客群体占比 | 低收入旅客群体占比 |
| --- | --- | --- | --- |
| 北京—天津 | 16.0% | 65.0% | 19.0% |
| 北京—济南 | 15.5% | 63.0% | 21.5% |
| 济南—南京 | 6.0% | 59.5% | 34.5% |
| 北京—上海 | 25.0% | 68.0% | 7.0% |
| 天津—济南 | 6.5% | 60.0% | 33.5% |
| 天津—南京 | 6.5% | 61.5% | 32.0% |

续上表

| 区间 | 高收入旅客群体占比 | 中等收入旅客群体占比 | 低收入旅客群体占比 |
|---|---|---|---|
| 天津—上海 | 16.0% | 65.0% | 19.0% |
| 济南—南京 | 6.0% | 59.5% | 34.5% |
| 济南—上海 | 15.5% | 63.0% | 21.5% |
| 南京—上海 | 15.5% | 64.5% | 20.0% |

注：城市间不同等级收入旅客占比取两城市相应收入类别群体占比的算术平均值。

根据2025年京沪通道各主要城市间客运需求分布预测结果以及主要城市间不同等级收入旅客出行占比，结合不同收入群体的方式选择，计算相应运输方式的广义费用函数。借助Transcad软件，分别对三类旅客群体进行交通分配，使用自定义的流量延误函数，选择广义费用函数，得到2025年京沪通道各主要城市间各运输方式客运需求分配结果，见表6-11。

**2025年京沪通道各主要城市间运输方式客运需求分配结果**　　表6-11

| 城市区间 | 交通线路 | 需求分配结果（人/天） | 日合计（人/天） | 需求分配结果（万人/年） | 年合计（万人/年） |
|---|---|---|---|---|---|
| 北京—天津 | 京沪高速铁路 | 84521 | 858987 | 3085 | 31353 |
| | 京津城际铁路 | 78274 | | 2857 | |
| | 京滨城际铁路 | 50109 | | 1829 | |
| | 京沪铁路 | 11808 | | 431 | |
| | 京津塘高速公路 | 216219 | | 7892 | |
| | 京津高速公路 | 142877 | | 5215 | |
| | 103国道 | 184932 | | 6750 | |
| | 104国道 | 90247 | | 3294 | |
| 天津—济南 | 京沪高速铁路 | 129589 | 380603 | 4730 | 13892 |
| | 京沪铁路 | 7315 | | 267 | |
| | 京沪高速公路 | 82438 | | 3009 | |
| | 长春—深圳高速公路 | 58219 | | 2125 | |
| | 104国道 | 37753 | | 1378 | |
| | 205国道 | 41671 | | 1521 | |
| | 233国道 | 23616 | | 862 | |

续上表

| 城市区间 | 交通线路 | 需求分配结果（人/天） | 日合计（人/天） | 需求分配结果（万人/年） | 年合计（万人/年） |
|---|---|---|---|---|---|
| 济南—南京 | 京沪高速铁路 | 132137 | 264055 | 4823 | 9638 |
| | 京沪铁路 | 10192 | | 372 | |
| | 京沪高速公路 | 36877 | | 1346 | |
| | 长春—深圳高速公路 | 27041 | | 987 | |
| | 104国道 | 10219 | | 373 | |
| | 205国道 | 21507 | | 785 | |
| | 233国道 | 9918 | | 362 | |
| | 235国道 | 16164 | | 590 | |
| 南京—上海 | 京沪高速铁路 | 119123 | 934739 | 4348 | 34118 |
| | 沪宁城际铁路 | 98959 | | 3612 | |
| | 京沪铁路 | 33699 | | 1230 | |
| | 京沪高速公路 | 202767 | | 7401 | |
| | 沪陕高速公路 | 167342 | | 6108 | |
| | 沪蓉高速公路 | 199781 | | 7292 | |
| | 312国道 | 113068 | | 4127 | |

## 二、货运需求分析

### (一) 货运需求预测

通过调查的方式获取较大空间范围尺度内的货运需求分布是非常耗时且十分困难的。考虑到运输需求是一种派生性需求，其发生的原动力是区域之间的经济往来合作，经济发展水平的高低和经济结构的调整决定了货物运输需求的强度，因此从货运需求产生的机理出发，借助经济发展与运输之间的投入产出关系对区域间货运需求进行预测。

我国有关研究机构每隔5年编制中国区域间投入产出表，其内容深入各产业部门，反映区域各产业部门之间的依存关系。根据区域间投入产出表，利用区域间货运交流价值量预测原理和模型可以进行区域间货运需求价值量预测，并通过价值量与运输实物量之间的转换关系得到货运需求实物量分布。

首先，结合目前已公布的最新区域间投入产出数据，计算我国八大区域(东北区域、京津区域、北部沿海区域、东部沿海区域、南部沿海区域、中部区域、西北区域、西南区域)间的货运需求价值量。

其次,在区域间货运需求价值量分布矩阵的基础上,通过产业部门主要货类的运输价格,建立区域间货物运输实物量与货运需求价值量之间的关联关系,得到货物运输周转量。再依据八大区域间的平均运距,进一步得到区域间货运需求分布。

如式(6-9)所示,利用矩阵分解函数,实现八大区域货运需求分布到全国各省份间货运需求分布的分解变换。

$$
\begin{bmatrix} A_{11} & A_{12} & \cdots & A_{1m} \\ A_{21} & A_{22} & \cdots & A_{2m} \\ \vdots & \vdots & \ddots & \vdots \\ A_{m1} & A_{m2} & \cdots & A_{mm} \end{bmatrix} \Rightarrow
$$

$$
\begin{bmatrix} A_{11} \times \begin{bmatrix} O_{11} \\ O_{12} \\ \vdots \\ O_{1k_1} \end{bmatrix} \times [D_{11} \ D_{12} \ \cdots \ D_{1k_1}] & A_{12} \times \begin{bmatrix} O_{11} \\ O_{12} \\ \vdots \\ O_{1k_1} \end{bmatrix} \times [D_{21} \ D_{22} \ \cdots \ D_{2k_2}] & \cdots & A_{1m} \times \begin{bmatrix} O_{11} \\ O_{12} \\ \vdots \\ O_{1k_1} \end{bmatrix} \times [D_{m1} \ D_{m2} \ \cdots \ D_{mk_m}] \\ A_{21} \times \begin{bmatrix} O_{21} \\ O_{22} \\ \vdots \\ O_{2k_2} \end{bmatrix} \times [D_{11} \ D_{12} \ \cdots \ D_{1k_1}] & A_{22} \times \begin{bmatrix} O_{21} \\ O_{22} \\ \vdots \\ O_{2k_2} \end{bmatrix} \times [D_{21} \ D_{22} \ \cdots \ D_{2k_2}] & \cdots & A_{2m} \times \begin{bmatrix} O_{21} \\ O_{22} \\ \vdots \\ O_{2k_2} \end{bmatrix} \times [D_{m1} \ D_{m2} \ \cdots \ D_{mk_m}] \\ \vdots & \vdots & \ddots & \vdots \\ A_{m1} \times \begin{bmatrix} O_{m1} \\ O_{m2} \\ \vdots \\ O_{mk_m} \end{bmatrix} \times [D_{11} \ D_{12} \ \cdots \ D_{1k_1}] & A_{m2} \times \begin{bmatrix} O_{m1} \\ O_{m2} \\ \vdots \\ O_{mk_m} \end{bmatrix} \times [D_{21} \ D_{22} \ \cdots \ D_{2k_2}] & L & A_{mm} \times \begin{bmatrix} O_{m1} \\ O_{m2} \\ \vdots \\ O_{mk_m} \end{bmatrix} \times [D_{m1} \ D_{m2} \ \cdots \ D_{mk_m}] \end{bmatrix}
$$

(6-9)

式中: $\sum_{k_i} O_{ik_i} = 1, i = 1, 2, \cdots, m$ ; $\sum_{k_i} D_{ik_i} = 1, i = 1, 2, \cdots, m$ 。

最后,借助 Transcad 软件,利用增长系数法,得出 2025 年各省份间的货运需求分布。

**(二) 各运输方式货运需求分配结果**

根据上文构建的 2025 年京沪通道交通基础设施网络,结合各路径的自身特性和需求特性,对 2025 年货物运输需求进行"路径-方式"分配。

因各运输方式的技术经济特性不同,到达相同目的地所需的费用不同,类似旅客出行选择,须对整个运输过程中的时间和费用赋评价值,统一换算为广义费用,再进行"路径-方式"的选择。在货运方式选择方面,货主更看重运输成本,因此建立的每种运输方式的广义费用函数 $R_{ij}^k$ 形式如下:

$$R_{ij}^k = \frac{l_k}{v_k} \cdot \text{VOT} \cdot d_k + l_k \cdot f_{ee} \cdot d_k \tag{6-10}$$

式中:$l_k$——第 $k$ 种运输方式的线路里程;

$v_k$——第 $k$ 种运输方式的速度;

VOT——单位货物的时间价值;

$d_k$——第 $k$ 种运输方式承担的运输需求量;

$f_{ee}$——单位货物周转量的运输费用。

对于单位货物的时间价值,因未获得通道各区段不同货类的时间价值,在此计算统一的货物时间价值,以"路径-方式"的分配结果作为供需结构是否均衡的检验依据。单位货物的时间价值按式(6-11)计算:

$$\text{VOT}_i = \frac{P_r^i \cdot R}{365 \times 24} \tag{6-11}$$

式中:$\text{VOT}_i$——第 $i$ 类货物的时间价值;

$P_r^i$——第 $i$ 类货物的平均运输价格;

$R$——社会折现率。

借助 Transcad 软件,选择自定义的流量延误函数,完成货运需求在运输通道各条路径上的分配,结果如表 6-12 所示。

**2025 年京沪通道各运输方式货运需求分配结果** 表 6-12

| 城市区间 | 交通线路 | 需求分配结果(吨/天) | 日合计(吨/天) | 需求分配结果(万吨/年) | 年合计(万吨/年) |
|---|---|---|---|---|---|
| 北京—天津 | 京沪铁路 | 368897 | 898238 | 13465 | 32786 |
| | 京津塘高速公路 | 142955 | | 5218 | |
| | 京津高速公路 | 105749 | | 3860 | |
| | 103 国道 | 122058 | | 4455 | |
| | 104 国道 | 158579 | | 5788 | |

续上表

| 城市区间 | 交通线路 | 需求分配结果（吨/天） | 日合计（吨/天） | 需求分配结果（万吨/年） | 年合计（万吨/年） |
| --- | --- | --- | --- | --- | --- |
| 天津—济南 | 京沪铁路 | 247188 | 554705 | 9022 | 20247 |
| | 京沪高速公路 | 92022 | | 3359 | |
| | 长春—深圳高速公路 | 32774 | | 1196 | |
| | 104 国道 | 125012 | | 4563 | |
| | 205 国道 | 35627 | | 1300 | |
| | 233 国道 | 22082 | | 806 | |
| 济南—南京 | 京沪铁路 | 16835 | 151767 | 614 | 5539 |
| | 京沪高速公路 | 8928 | | 326 | |
| | 长春—深圳高速公路 | 8595 | | 314 | |
| | 104 国道 | 22896 | | 836 | |
| | 205 国道 | 55166 | | 2014 | |
| | 233 国道 | 25205 | | 920 | |
| | 235 国道 | 14144 | | 516 | |
| 南京—上海 | 京沪铁路 | 135285 | 250569 | 4938 | 9146 |
| | 京沪高速公路 | 23414 | | 855 | |
| | 沪陕高速公路 | 20974 | | 766 | |
| | 沪蓉高速公路 | 31036 | | 1133 | |
| | 312 国道 | 39860 | | 1455 | |

## 第三节　京津冀—长三角主轴承载能力测算

运输通道的承载能力实际是由通道线路的通过能力和活动设施的载运能力共同决定的。线路的通过能力是活动设施运力投入的上限,活动载运设施的运能决定了线路现实的通过能力。运输通道由多种运输方式线路组成,需要先计算各种运输方式线路的运能,再根据线路之间的联通关系确定运输通道的承载能力。对于串联型运输通道,根据单一运输方式线路运能的计算方法,整条通道的承载能力由相互连通的各运输方式线路的最小运能决定;对于并联型运输通道,承载能力为其上各方式线路的运能之和。

## 一、客运承载能力

根据第五章的综合交通基础设施网络承载能力测算方式,对运输通道承载能力的测算需要以测算通道内所有运输方式线网的运输能力为基础。对于铁路来说,其旅客运输能力通过式(5-4)计算。而对于公路来说,可以根据设计的通行能力,并结合每辆车的平均载客人数换算后得出。对于水运和航空来说,由于京沪通道内河水路客运需求占比很低,航空货运能力与机场的吞吐能力关系密切,在上节进行客运需求分配时已预留了一定比例,在此不分析水运和航空线路的客运承载能力。铁路、公路客运设计运输能力计算结果分别如表 6-13、表 6-14 所示。

**2025 年京沪通道内铁路客运设计运输能力**　　　表 6-13

| 城市区间 | 交通线路 | 旅客列车单向通过能力 $N$(对) | 能力使用系数 $K_{使}$ | 核定载客能力 $P$（人/列） | 设计运输能力（人/天） |
|---|---|---|---|---|---|
| 京沪高速铁路 | 北京—天津 | 88 | 0.90 | 1000 | 79200 |
|  | 天津—德州 | 152 | 0.90 | 1000 | 136800 |
|  | 德州—济南 | 150 | 0.90 | 1000 | 135000 |
|  | 济南—曲阜 | 147 | 0.90 | 1000 | 132300 |
|  | 曲阜—徐州 | 144 | 0.90 | 1000 | 129600 |
| 京沪高速铁路 | 徐州—蚌埠 | 152 | 0.90 | 1000 | 136800 |
|  | 蚌埠—南京 | 150 | 0.90 | 1000 | 135000 |
|  | 南京—常州 | 137 | 0.90 | 1000 | 123300 |
|  | 常州—上海 | 141 | 0.90 | 1000 | 126900 |
| 京津城际铁路 | 北京—天津 | 145 | 0.90 | 700 | 91350 |
| 京滨城际铁路 | 北京—天津 | 145 | 0.90 | 600 | 78300 |
| 沪宁城际铁路 | 南京—上海 | 140 | 0.90 | 700 | 88200 |
| 京沪铁路 | 北京—天津 | 65 | 0.85 | 1300 | 71825 |
|  | 天津—沧州 | 65 | 0.85 | 1300 | 71825 |
|  | 沧州—德州 | 65 | 0.85 | 1300 | 71825 |

续上表

| 城市区间 | 交通线路 | 旅客列车单向通过能力 $N$(对) | 能力使用系数 $K_{使}$ | 核定载客能力 $P$（人/列） | 设计运输能力（人/天） |
|---|---|---|---|---|---|
| 京沪铁路 | 德州—济南 | 35 | 0.85 | 1300 | 38675 |
| | 济南—徐州 | 55 | 0.85 | 1300 | 60775 |
| | 徐州—蚌埠东 | 64 | 0.85 | 1300 | 70720 |
| | 蚌埠东—南京 | 69 | 0.85 | 1300 | 76245 |
| | 南京—苏州 | 94 | 0.85 | 1300 | 103870 |
| | 苏州—上海 | 97 | 0.85 | 1300 | 107185 |

**2025年京沪通道内公路客运设计运输能力**  表6-14

| 线路名称 | 设计速度（公里/时） | 车道数 | 适应交通量（当量交通量/天） | 平均载客（人） | 设计运输能力（人/天） |
|---|---|---|---|---|---|
| 京津塘高速公路 | 90~110 | 4、6 | 45000 | 4 | 90000 |
| 京津高速公路 | 100~120 | 6、8 | 70000 | 4 | 140000 |
| 京沪高速公路(天津—济南) | 120 | 4、6 | 55000 | 4 | 110000 |
| 京沪高速公路(济南—南京) | 120 | 4 | 55000 | 4 | 110000 |
| 京沪高速公路(南京—上海) | 120 | 4 | 55000 | 4 | 110000 |
| 长春—深圳高速公路(天津—济南) | 120 | 4 | 55000 | 4 | 110000 |
| 长春—深圳高速公路(济南—南京) | 120 | 4 | 55000 | 4 | 110000 |
| 沪陕高速公路(南京—上海) | 120 | 4 | 55000 | 4 | 110000 |
| 沪蓉高速公路(南京—上海) | 120 | 8 | 70000 | 4 | 140000 |
| 103国道(北京—天津) | 100 | 4 | 30000 | 4 | 60000 |
| 104国道(北京—天津) | 80 | 4 | 27000 | 4 | 54000 |
| 104国道(天津—济南) | 80 | 4 | 27000 | 4 | 54000 |
| 104国道(济南—南京) | 80 | 4 | 27000 | 4 | 54000 |
| 205国道(天津—济南) | 100 | 4 | 30000 | 4 | 60000 |
| 205国道(济南—南京) | 100 | 4 | 30000 | 4 | 60000 |
| 233国道(天津—济南) | 80 | 4 | 27000 | 4 | 54000 |
| 233国道(济南—南京) | 80 | 4 | 27000 | 4 | 54000 |
| 235国道(济南—南京) | 80 | 4 | 27000 | 4 | 54000 |
| 312国道(南京—上海) | 100 | 4 | 30000 | 4 | 60000 |

注：公路客车比例取50%。

根据上述分方式分线路的运输能力计算结果,汇总得到 2025 年京沪通道分区段分方式的设计运输能力,见表 6-15。2025 年京沪通道的客运承载能力为 561675 人/天,合计 20501 万人/年。

**2025 年京沪通道各区段分方式客运设计运输能力**　　表 6-15

| 城市区间 | 交通线路 | 设计运输能力（人/天） | 日合计（人/天） | 设计运输能力（万人/年） | 年合计（万人/年） |
|---|---|---|---|---|---|
| 北京—天津 | 京沪高速铁路 | 79200 | 664657 | 2891 | 24261 |
| | 京津城际铁路 | 91350 | | 3334 | |
| | 京滨城际铁路 | 78300 | | 2858 | |
| | 京沪铁路 | 71825 | | 2622 | |
| | 京津塘高速公路 | 90000 | | 3285 | |
| | 京津高速公路 | 140000 | | 5110 | |
| | 103 国道 | 60000 | | 2190 | |
| | 104 国道 | 54000 | | 1971 | |
| 天津—济南 | 京沪高速铁路 | 135000 | 561675 | 4928 | 20501 |
| | 京沪铁路 | 38675 | | 1412 | |
| | 京沪高速公路 | 110000 | | 4015 | |
| | 长春—深圳高速公路 | 110000 | | 4015 | |
| | 104 国道 | 54000 | | 1971 | |
| | 205 国道 | 60000 | | 2190 | |
| | 233 国道 | 54000 | | 1971 | |
| 济南—南京 | 京沪高速铁路 | 129600 | 632375 | 4730 | 23082 |
| | 京沪铁路 | 60775 | | 2218 | |
| | 京沪高速公路 | 110000 | | 4015 | |
| | 长春—深圳高速公路 | 110000 | | 4015 | |
| | 104 国道 | 54000 | | 1971 | |
| | 205 国道 | 60000 | | 2190 | |
| | 233 国道 | 54000 | | 1971 | |
| | 235 国道 | 54000 | | 1971 | |

续上表

| 城市区间 | 交通线路 | 设计运输能力（人/天） | 日合计（人/天） | 设计运输能力（万人/年） | 年合计（万人/年） |
|---|---|---|---|---|---|
| 南京—上海 | 京沪高速铁路 | 123300 | 735370 | 4500 | 25745 |
| | 沪宁城际铁路 | 88200 | | 3219 | |
| | 京沪铁路 | 103870 | | 3791 | |
| | 京沪高速公路 | 110000 | | 4015 | |
| | 沪陕高速公路 | 110000 | | 4015 | |
| | 沪蓉高速公路 | 140000 | | 4015 | |
| | 312国道 | 60000 | | 2190 | |

## 二、货运承载能力

按照第五章的综合交通基础设施网络承载能力计算方法，计算得出2025年京沪通道各区段分方式货物运输能力，见表6-16~表6-18。结果显示，2025年京沪通道的货运承载能力为698837吨/天，合计25508万吨/年。

**2025年京沪通道铁路货物运输能力**　　　　表6-16

| 京沪铁路运行区间 | 设计运输能力（吨/天） | 京沪铁路运行区间 | 设计运输能力（吨/天） |
|---|---|---|---|
| 北京—天津 | 268037 | 徐州—蚌埠 | 192436 |
| 天津—沧州 | 116837 | 蚌埠—南京 | 216491 |
| 沧州—德州 | 123709 | 南京—苏州 | 227659 |
| 德州—济南 | 206182 | 苏州—上海 | 163916 |
| 济南—徐州 | 144499 | — | — |

**2025年京沪通道公路货物运输能力**　　　　表6-17

| 线路名称 | 设计车速（公里/时） | 车道数 | 适应交通量（当量交通量/天） | 车型换算系数 | 平均载重（吨） | 设计运输能力（吨/天） |
|---|---|---|---|---|---|---|
| 京津塘高速公路 | 90~110 | 4、6 | 45000 | 2 | 6 | 135000 |
| 京津高速公路 | 100~120 | 6、8 | 70000 | 2 | 6 | 210000 |
| 京沪高速公路（天津—济南） | 120 | 4、6 | 55000 | 2 | 6 | 165000 |

续上表

| 线路名称 | 设计车速（公里/时） | 车道数 | 适应交通量（当量交通量/天） | 车型换算系数 | 平均载重（吨） | 设计运输能力（吨/天） |
|---|---|---|---|---|---|---|
| 京沪高速公路(济南—南京) | 120 | 4 | 55000 | 2 | 6 | 165000 |
| 京沪高速公路(南京—上海) | 120 | 4 | 55000 | 2 | 6 | 165000 |
| 长春—深圳高速(天津—济南) | 120 | 4 | 55000 | 2 | 6 | 165000 |
| 长春—深圳高速(济南—南京) | 120 | 4 | 55000 | 2 | 6 | 165000 |
| 沪陕高速公路(南京—上海) | 120 | 4 | 55000 | 2 | 6 | 165000 |
| 沪蓉高速公路(南京—上海) | 120 | 8 | 70000 | 2 | 6 | 210000 |
| 103国道(北京—天津) | 100 | 4 | 30000 | 2 | 6 | 90000 |
| 104国道(北京—天津) | 80 | 4 | 27000 | 2 | 6 | 81000 |
| 104国道(天津—济南) | 80 | 4 | 27000 | 2 | 6 | 81000 |
| 104国道(济南—南京) | 80 | 4 | 27000 | 2 | 6 | 81000 |
| 205国道(天津—济南) | 100 | 4 | 30000 | 2 | 6 | 90000 |
| 205国道(济南—南京) | 100 | 4 | 30000 | 2 | 6 | 90000 |
| 233国道(天津—济南) | 80 | 4 | 27000 | 2 | 6 | 81000 |
| 233国道(济南—南京) | 80 | 4 | 27000 | 2 | 6 | 81000 |
| 235国道(济南—南京) | 80 | 4 | 27000 | 2 | 6 | 81000 |
| 312国道(南京—上海) | 100 | 4 | 30000 | 2 | 6 | 90000 |

注：公路货车比例取50%。

**2025年京沪通道各区段分方式货物运输能力** 表6-18

| 城市区间 | 交通线路 | 设计运输能力（吨/天） | 日合计（吨/天） | 设计运输能力（万吨/年） | 年合计（万吨/年） |
|---|---|---|---|---|---|
| 北京—天津 | 京沪铁路 | 268037 | 784037 | 9783 | 28617 |
| | 京津塘高速公路 | 135000 | | 4928 | |
| | 京津高速公路 | 210000 | | 7665 | |
| | 103国道 | 90000 | | 3285 | |
| | 104国道 | 81000 | | 2957 | |

续上表

| 城市区间 | 交通线路 | 设计运输能力（吨/天） | 日合计（吨/天） | 设计运输能力（万吨/年） | 年合计（万吨/年） |
|---|---|---|---|---|---|
| 天津—济南 | 京沪铁路 | 116837 | 698837 | 4265 | 25508 |
| | 京沪高速公路 | 165000 | | 6023 | |
| | 长春—深圳高速公路 | 165000 | | 3011 | |
| | 104 国道 | 81000 | | 2957 | |
| | 205 国道 | 90000 | | 3285 | |
| | 233 国道 | 81000 | | 2957 | |
| 济南—南京 | 京沪铁路 | 144499 | 807499 | 5274 | 29474 |
| | 京沪高速公路 | 165000 | | 6023 | |
| | 长春—深圳高速公路 | 165000 | | 6023 | |
| | 104 国道 | 81000 | | 2957 | |
| | 205 国道 | 90000 | | 3285 | |
| | 233 国道 | 81000 | | 2957 | |
| | 235 国道 | 81000 | | 2957 | |
| 南京—上海 | 京沪铁路 | 163916 | 793916 | 5983 | 28978 |
| | 京沪高速公路 | 165000 | | 6023 | |
| | 沪陕高速公路 | 165000 | | 6023 | |
| | 沪蓉高速公路 | 210000 | | 7665 | |
| | 312 国道 | 90000 | | 3285 | |

## 第四节 京津冀—长三角主轴承载水平评价

### 一、客运承载水平

表 6-19 给出了京沪通道客运承载能力缺口的分析结果。结果显示，京沪通道各区段客运供需存在不均衡性。京沪通道两端（即北京—天津段、南京—上海段）的客运需求明显高于中间两段，相应地，北京—天津段、南京—上海段存在能力缺口的线路多于天津—济南段和济南—南京段。在中间的两个区段，除了济南—南

京段的铁路客运能力存在轻微缺口外,其余线路的运输能力均存在盈余。在两端的两个区段,相较于铁路客运,各条公路线路的旅客运输均存在能力缺口,表现为公路客运承载能力不足。作为门到门出行的最佳方式,小客车出行带来的非营业性客运需求的持续增加是导致京津段、沪宁段公路运输紧张局面的主要原因。

**2025年京沪通道客运承载能力缺口情况** 表6-19

| 城市区间 | 交通线路 | 客运承载能力（万人） | 客运需求规模（万人） | 承载能力缺口（万人） |
|---|---|---|---|---|
| 北京—天津 | 京沪高速铁路 | 2891 | 3085 | 194 |
| | 京津城际铁路 | 3334 | 2857 | -477 |
| | 京滨城际铁路 | 2858 | 1829 | -1029 |
| | 京沪铁路 | 2622 | 431 | -2191 |
| | 京津塘高速公路 | 3285 | 7892 | 4607 |
| 北京—天津 | 京津高速公路 | 5110 | 5215 | 105 |
| | 103国道 | 2190 | 6750 | 4560 |
| | 104国道 | 1971 | 3294 | 1323 |
| 天津—济南 | 京沪高速铁路 | 4928 | 4730 | -198 |
| | 京沪铁路 | 1412 | 267 | -1145 |
| | 京沪高速公路 | 4015 | 3009 | -1006 |
| | 长春—深圳高速公路 | 4015 | 2125 | -1890 |
| | 104国道 | 1971 | 1378 | -593 |
| | 205国道 | 2190 | 1521 | -669 |
| | 233国道 | 1971 | 862 | -1109 |
| 济南—南京 | 京沪高速铁路 | 4730 | 4823 | 93 |
| | 京沪铁路 | 2218 | 372 | -1846 |
| | 京沪高速公路 | 4015 | 1346 | -2669 |
| | 长春—深圳高速公路 | 4015 | 987 | -3028 |
| | 104国道 | 1971 | 373 | -1598 |
| | 205国道 | 2190 | 785 | -1405 |
| | 233国道 | 1971 | 362 | -1609 |
| | 235国道 | 1971 | 590 | -1381 |

续上表

| 城市区间 | 交通线路 | 客运承载能力（万人） | 客运需求规模（万人） | 承载能力缺口（万人） |
|---|---|---|---|---|
| 南京—上海 | 京沪高速铁路 | 4500 | 4348 | -152 |
| | 沪宁城际铁路 | 3219 | 3612 | 393 |
| | 京沪铁路 | 3791 | 1230 | -2561 |
| | 京沪高速公路 | 4015 | 7401 | 3386 |
| | 沪陕高速公路 | 4015 | 6108 | 2093 |
| | 沪蓉高速公路 | 5110 | 7292 | 2182 |
| | 312国道 | 2190 | 4127 | 1937 |

分区段整理上述分析结果，得到京沪通道客运供需匹配情况，如表6-20所示。从供需总量来看，2025年京沪通道的两端（即京津段和沪宁段）的客运供需存在能力紧张的局面，根据第四章的承载水平测算方法，京沪通道在供需总量上的承载水平为1.11。而从供需结构来看，通道内的铁路供给整体上能够承载运输需求，这主要是由于高速铁路开通导致京沪铁路运能过剩。对铁路客运供需数据进行分解，2025年京沪通道内仅北京—天津段和天津—济南段的高速铁路供给存在富余，其中京津段释放的高速铁路运能主要是由于京滨城际铁路的开通分担了高速铁路客流，天津—济南段也接近饱和水平，其他区段（尤其是沪宁段）存在较大的能力缺口；2025年京沪通道内的公路供给在京津段、沪宁段尤为紧张（图6-3）。根据评价方法，2025年京沪通道在供需结构上的承载水平为1.28。

**2025年京沪通道各方式客运承载能力缺口情况**　　表6-20

| 城市区间 | 客运承载能力（万人） | 客运需求规模（万人） | 承载能力缺口（万人） |
|---|---|---|---|
| 北京—天津 | 24261 | 31353 | 7092 |
| 天津—济南 | 20501 | 13892 | -6609 |
| 济南—南京 | 23082 | 9638 | -13444 |
| 南京—上海 | 25745 | 34118 | 8373 |
| 城市区间 | 铁路客运承载能力（万人） | 铁路客运需求规模（万人） | 承载能力缺口（万人） |
| 北京—天津 | 11705 | 8202 | -3503 |
| 天津—济南 | 6340 | 4997 | -1343 |
| 济南—南京 | 6948 | 5195 | -1753 |
| 南京—上海 | 11510 | 9190 | -2320 |

续上表

| 城市区间 | 高速铁路客运承载能力（万人） | 高速铁路客运需求规模（万人） | 承载能力缺口（万人） |
| --- | --- | --- | --- |
| 北京—天津 | 9083 | 7771 | −1312 |
| 天津—济南 | 4928 | 4730 | −198 |
| 济南—南京 | 4730 | 4823 | 93 |
| 南京—上海 | 7719 | 7960 | 241 |
| 城市区间 | 公路客运承载能力（万人） | 公路客运需求规模（万人） | 承载能力缺口（万人） |
| 北京—天津 | 12556 | 23151 | 10595 |
| 天津—济南 | 14162 | 8895 | −5267 |
| 济南—南京 | 16133 | 4443 | −11690 |
| 南京—上海 | 14235 | 24928 | 14708 |

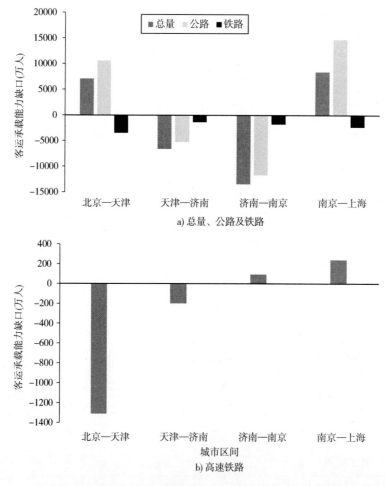

图 6-3　2025 年京沪通道各方式客运能力缺口示意图

## 二、货运承载水平

京沪通道货运承载能力缺口分析结果如表6-21所示。结果显示,在铁路方面,2025年京沪通道铁路货运供需状况存在不平衡性,北京—天津、天津—济南两个城市区间存在能力缺口,将成为制约京沪通道铁路货运能力的瓶颈区段。在公路方面,京沪通道公路货运承载能力基本能够满足货运需求规模,但部分城市区间的不同线路同样呈现出供需状况的不均衡性,北京—天津段较为明显,京津塘高速公路、103国道、104国道能力紧张,而京津高速公路存在盈余。如果合理引导交通流分布,则能够在一定程度上缓解北京—天津段公路运输能力紧张的局面。

2025年京沪通道货运承载能力缺口情况　　　　表6-21

| 城市区间 | 交通线路 | 货运承载能力(万吨) | 货运需求规模(万吨) | 承载能力缺口(万吨) |
|---|---|---|---|---|
| 北京—天津 | 京沪铁路 | 9783 | 13465 | 3682 |
| | 京津塘高速公路 | 4928 | 5218 | 290 |
| | 京津高速公路 | 7665 | 3860 | -3805 |
| | 103国道 | 3285 | 4455 | 1170 |
| | 104国道 | 2957 | 5788 | 2831 |
| 天津—济南 | 京沪铁路 | 4265 | 9022 | 4758 |
| | 京沪高速公路 | 6023 | 3359 | -2664 |
| | 长春—深圳高速公路 | 6023 | 1196 | -4826 |
| | 104国道 | 2957 | 4563 | 1606 |
| | 205国道 | 3285 | 1300 | -1985 |
| | 233国道 | 2957 | 806 | -2151 |
| 济南—南京 | 京沪铁路 | 5274 | 614 | -4660 |
| | 京沪高速公路 | 6023 | 326 | -5697 |
| | 长春—深圳高速公路 | 6023 | 314 | -5709 |
| | 104国道 | 2957 | 836 | -2121 |
| | 205国道 | 3285 | 2014 | -1271 |
| | 233国道 | 2957 | 920 | -2037 |
| | 235国道 | 2957 | 516 | -2440 |

续上表

| 城市区间 | 交通线路 | 货运承载能力(万吨) | 货运需求规模(万吨) | 承载能力缺口(万吨) |
|---|---|---|---|---|
| 南京—上海 | 京沪铁路 | 5983 | 4938 | -1045 |
| | 京沪高速公路 | 6023 | 855 | -5168 |
| | 沪陕高速公路 | 6023 | 766 | -5257 |
| | 沪蓉高速公路 | 7665 | 1133 | -6532 |
| | 312国道 | 3285 | 1455 | -1830 |

汇总各条线路承载能力缺口的分析结果,得到2025年京沪通道分区段供需对比情况,如表6-22、图6-4所示。从供需总量来看,2025年京沪通道仅北京—天津段承载能力不足,根据第四章测算方法,京沪通道货运在供需总量上的承载水平为0.85。从供需结构来看,通道能够承载公路货运需求,但对铁路货运需求的承载不足,京沪通道货运在供需结构上的承载水平为1.02。

**2025年京沪通道各方式货运承载能力缺口情况** 表6-22

| 城市区间 | 货运承载能力(万吨) | 货运需求规模(万吨) | 承载能力缺口(万吨) |
|---|---|---|---|
| 北京—天津 | 28617 | 32786 | 4169 |
| 天津—济南 | 25508 | 20247 | -5261 |
| 济南—南京 | 29474 | 5539 | -23935 |
| 南京—上海 | 28978 | 9146 | -19832 |
| 城市区间 | 铁路货运承载能力(万吨) | 铁路货运需求规模(万吨) | 承载能力缺口(万吨) |
| 北京—天津 | 9783 | 13465 | 3682 |
| 天津—济南 | 4265 | 9022 | 4757 |
| 济南—南京 | 5274 | 614 | -4660 |
| 南京—上海 | 5983 | 4938 | -1045 |
| 城市区间 | 公路货运承载能力(万吨) | 公路货运需求规模(万吨) | 承载能力缺口(万吨) |
| 北京—天津 | 18834 | 19321 | 487 |
| 天津—济南 | 21243 | 11225 | -10018 |
| 济南—南京 | 24200 | 4925 | -19275 |
| 南京—上海 | 22995 | 4208 | -18787 |

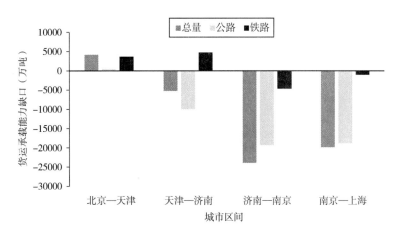

**图 6-4　2025 年京沪通道各方式货运能力缺口示意图**

## 三、综合分析结论

根据京沪通道客运及货运承载水平测算结果,得到京沪通道在供需总量上的承载水平为 0.98,处于高度超载水平,在供需结构上的承载水平为 1.15,处于极度超载水平,见表 6-23。

**2025 年京沪通道承载水平测算结果**　　表 6-23

| 运输需求类别 | 供需分析类别 | 承载水平 | 等级 | 意义 |
|---|---|---|---|---|
| 综合 | 总量 | 0.98 | 三级 | 高度超载 |
|  | 结构 | 1.15 | 四级 | 极度超载 |
| 客运 | 总量 | 1.11 | 四级 | 极度超载 |
|  | 结构 | 1.28 | 四级 | 极度超载 |
| 货运 | 总量 | 0.85 | 二级 | 适度超载 |
|  | 结构 | 1.02 | 四级 | 极度超载 |

# 第七章　提升综合交通基础设施网络承载能力的对策建议

要提升综合交通基础设施网络的承载能力,更好地支撑和适应新时期经济社会高质量发展的要求,需要从供给侧结构性调整、需求侧精准管理、技术创新与推广等多个方面进行。

### 一、交通供需态势发生历史性改变,要更加关注供需结构性平衡

经过长期建设,我国综合交通基础设施总体上实现了从改革开放之初的"瓶颈制约"到20世纪末的"初步缓解",再到目前的"基本适应"经济社会发展需求的阶段跨越。各种交通方式快速发展,铁路、公路、水路、民航基础设施多项指标位居世界前列,综合交通基础设施网络基本形成。按照《国家综合立体交通网规划纲要》及《"十四五"现代综合交通运输体系发展规划》,2030年前还将建成一批基础设施,使得我国综合交通运输供给能力再上新台阶,交通供需将由供不应求开始逐步进入总体供需基本平衡,甚至在部分时期出现供大于求的适度超前的新阶段。

新阶段,我国客货运输需求增长逐步放缓,交通运输供需的主要矛盾由如何"走得了""运得了"向如何"走得好""运得好"转变,人们不仅仅满足于通路、通车、通航、通邮等"硬需求",更加重视获得感、幸福感、安全感等"软需求",需要行业不仅要关注交通供给总量的适度超前,同时要更加关注供需结构的平衡,避免出现总量适度超前但结构性运能短缺的现象,从而更好地助力经济高质量发展。

### 二、坚持供给侧结构性改革,以高质量供给引领需求

高质量的供给是适应我国交通运输供需矛盾变化的必然要求。为有效提升

我国综合交通基础设施网络承载能力,在供给侧需要坚持结构性改革的主线,实现综合交通基础设施网络供给由"规模速度型"向"质量效率型"转变。

需要综合运用发展规划、产业政策、价格税收等政策和手段,着力提升综合交通基础设施网络供给的质量和效率,扩大有效和中高端供给,增强供给结构对需求变化的适应性和灵活性。综合交通基础设施网络建设在总体满足未来需求的情况下,充分发挥不同运输方式的比较优势,建设设施结构合理、运能配置协调的综合交通基础设施网络。客运方面,城市群、城市规划区的综合交通基础设施建设以公共交通为主体,以轨道客运交通为骨架;货运方面,以提高铁路和水运分担率为重点,发挥铁路在大宗货物长距离运输中的优势。最终在价值维度上,形成更多与人们价值实现需求、支付能力相适应的有效供给,满足多元化、高端化、个性化需求,提升供需的价值适配性。同时,通过降低运输成本,提升服务水平,提供多种速度、品质与价格更为匹配的运输服务,实现供给与需求更高水平动态适配,以高质量供给创造和引领需求。

### 三、实施需求侧精细化管理,引导需求更加合理有序

长期以来,解决综合交通供需问题的固有思维是增加综合交通基础设施供给,然而综合交通基础设施供给不可能无限制地增长,尤其在土地资源、环境容量约束更为严格的新发展阶段。因此,需要在需求侧实施精细化管理,引导需求总量、出行方式及时空分布更加合理有序,从而使供需在不同的阶段和层次上达到相对平衡,最终保证综合交通运输系统的可持续发展。

需求侧精细化管理就是在满足土地资源、环境容量限制条件下,运用人工智能和大数据分析等手段,精准获取综合交通需求的时间、空间、质量等特征,然后基于以上需求精准画像,以政府为主导,综合运用土地利用规划、经济杠杆、政策法规及交通管理、控制和设计等手段,调节综合交通需求总量、出行时间与空间分布,优化出行结构,引导出行路径,提高乘载率等,从而实现综合交通基础设施网络资源的优化和高效利用,发挥综合交通基础设施网络系统的最大潜能。

### 四、坚持创新驱动,提升综合交通基础设施网络整体效率

技术进步和管理创新会给传统综合交通基础设施带来革命性的变化,因此未来需要坚持创新驱动,进一步挖掘存量综合交通基础设施的供给能力,提升整

体的运输效率。

  一方面,推进移动互联、物联网、云计算、新一代移动通信和北斗定位导航等先进信息技术在综合交通基础设施领域的应用,依托互联网的"云""网""端"基础设施,建设智慧、共享的交通基础设施网络,从本质上提升综合交通基础设施网络的智慧化水平。另一方面,加强管理创新,向管理要效率,进一步挖掘综合交通基础设施网络的能力。例如,目前我国很多高铁线路客运密度还有较大的提升空间,未来随着管理技术提升及管理模式的创新,当我国高铁达到日本高铁的运输密度时,还会挖掘出更大的运输能力;再如公路主动管理技术可以提高道路通行能力,空管水平的提高能保障更多的飞机起降架次,从而提高机场运行容量。总之,坚持创新驱动,以智能化技术、现代管理与决策支持技术为支撑,把原本相互独立的不同运输方式整合成一个集约化的综合交通基础设施运载网络,将各种交通方式基础设施网各自运行的"加法效应"升级为综合交通基础设施网络协同运行的"乘数效应",最终真正实现综合交通基础网络效率的最大化。

# 参 考 文 献

[1] VERHULST P F.Notice sur laloi que la population suit dans son accroissement[J].Correspondance Mathématique Et Physique,1838,10:113-121.

[2] PARK R E,BURGESS E W.An introduction to the science of sociology[M].Chicago:The University of Chicago Press,1921.

[3] ODUM E P.Fundamentals of ecology[J].Bulletin of the Torrey Botanical Club,1955,82(5):400.

[4] ARROW K,BOLIN B,COSTANZA R,et al.Economic growth,carrying capacity,and the environment[J].Science,1995,268(5210):520-521.

[5] LINDBERG K,MCCOOL S,et al. Rethinking carrying capacity[J]. Annals of Tourism Research,1997,24(2):461-465.

[6] 吕光明,何强.承载能力理论与测度方法研究[M].北京:中国人民大学出版社,2011.

[7] 王开运,邹春表,张桂莲,等.生态承载力复合模型系统与应用[M].北京:科学出版社,2007.

[8] 侯德劭.城市交通承载力研究[D].上海:同济大学,2008.

[9] 詹歆晔,郁亚娟,郭怀成,等.特大城市交通承载力定量模型的建立与应用[J].环境科学学报,2008,28(9):1923-1931.

[10] 郑猛,张晓东.依据交通承载力确定土地适宜开发强度——以北京中心城控制性详细规划为例[J].城市交通,2008,6(5):15-18.

[11] 李阳,龙俊仁,蔺源.重点地区土地开发的交通承载力分析方法研究[J].交通与运输,2013,7:1-5.

[12] 邵丹,朱洪,谢辉.上海全球城市综合交通承载力的驱动要素、状态指标和响应举措[C]//2015年中国城市交通规划年会暨第28次学术研讨会,2015.

[13] 陆锡明.增强上海综合交通整体承载力的思考[J].交通与运输,2015,31(1):14-16.

[14] 沈自豪.城市交通基础设施承载力研究[D].北京:北京建筑大学,2021.

[15] 傅成红.城市群综合交通运输承载力及协调性评价[J].交通运输系统工程与信息,2017,17(2):21-27.

[16] 齐喆,张贵祥.城市群综合交通承载力研究:以京津冀为例[J].生态经济,2016(4):57-62.

[17] 袁振洲,邓娜,闫欣欣.交通承载力与环境承载力的耦合协调度——基于城市群的实证分析[J].北京交通大学学报,2017,41(4):123-128.

[18] 张梦心.特大城市交通基础设施承载力研究——以北京市为例[D].北京:首都经济贸易大学,2014.

[19] 王明志.运输供给与运输需求平衡论[M].北京:人民交通出版社,1996.

[20] 公维勇,高建杰,焦海贤.城市交通空间需求与交通网络双均衡研究[J].重庆交通大学学报(自然科学版),2011,30(3):429-431.

[21] 吴文征.交通运输供给与需求均衡的理论研究与实证分析[D].西安:长安大学,2005.

[22] 陈怡.我国交通运输需求总量及结构分析[D].西安:长安大学,2006.

[23] 彭辉.综合交通运输系统理论分析[D].西安:长安大学,2006.

[24] 袁静.交通运输供需结构均衡研究[D].西安:长安大学,2007.

[25] 马银波.美国运输业发展现状分析与启示[J].综合运输,2005(12):69-73.

[26] 景跃军.战后美国产业结构演变研究[D].长春:吉林大学,2004.

[27] 孙盼盼,余青.美国重要交通授权法案中公路资金资助比较分析与启示[J].公路,2016(9):184-192.

[28] 程楠,荣朝和.从相关法律看美国政府的运输业促进政策[J].铁道经济研究,2008(5):18-22.

[29] 马亚华.美国工业化阶段的历史评估[J].世界地理研究,2010,19(3):81-87.

[30] 中国铁道科学研究院集团有限公司.日本新干线铁路网发展与现状概述[J].现代城市轨道交通,2021(4):138-142.

[31] 陶圆.明治维新时期日本近代海运业的产生与发展[D].曲阜:曲阜师范大学,2020.

[32] 王济钧,田芳,刘玥彤.美国、欧盟、日本和俄罗斯交通发展变迁规律研究[J].中国市场,2019(13):4-12.

[33] 郑有国,高文博.战后日本两次供给侧改革的经验及对中国启示[J].福建论坛(人文社会科学版),2016(11):64-68.

[34] 邵亚光,李妹.二战后中日韩三国产业结构比较与分析[J].信息化建设,2016(7):377-378.

[35] 徐梅.战后70年日本经济发展轨迹与思考[J].日本学刊,2015(6):49-73.

[36] 白钦先,高霞.日本产业结构变迁与金融支持政策分析[J].现代日本经济,2015(2):1-11.

[37] 王海军.对华侵略与近代日本经济述论[D].曲阜:曲阜师范大学,2013.

[38] 崔成,牛建国.日本的基础设施建设及启示[J].中国经贸导刊,2012(22):26-28.

[39] 关雪凌,丁振辉.日本产业结构变迁与经济增长[J].世界经济研究,2012(7):80-86.

[40] 贾楠.日本经济衰退成因及对我国的启示[J].现代商贸工业,2010,22(22):117-118.

[41] 孙洋,弋慧莉.日本殖产兴业政策的实行与铁道知识的传入[J].长春理工大学学报(社会科学版),2010,23(5):17-18.

[42] 黄付生,魏凤春.日本经济结构转型与产业升级路径研究[J].现代日本经济,2010(2):9-14.

[43] 徐朝阳.泡沫经济与日本"失去的十年"[J].消费导刊,2010(1):67-68.

[44] 杉山武彦.战后日本交通基础设施发展与地区间收入差距问题研究[J].日本研究,2008(3):13-16.

[45] 赵晋平.20世纪90年代以来日本产业结构的演变及其启示[J].国际贸易,2007(9):39-45.

[46] 付际红,承月.国家主导与日本早期的近代工业化[J].日本问题研究,2007(3):32-34.

[47] 徐彰,张超.产业革命、主导产业的形成与政策选择——基于英国、美国、日本工业化早期阶段的经验研究[J].财政研究,2006(6):37-39.

[48] 王允贵."广场协议"对日本经济的影响及启示[J].国际经济评论,2004(1):47-50.

[49] 王洛林,余永定,李薇.20世纪90年代的日本经济[J].世界经济,2001

（10）：3-16.

[50] 王铭."殖产兴业"与日本资本主义的发展[J].辽宁大学学报(哲学社会科学版),1997(6):85-88.

[51] 严立贤.中日两国的早期工业化与国内市场[J].战略与管理,1995(4):21-32.

[52] 宋群.战后日本的交通政策和交通管理[J].外国经济与管理,1990(10):34-36.

[53] 杨栋梁.试论日本明治初期的海运政策[J].日本研究,1986(4):42-47.

[54] 旭生.战后日本的交通政策[J].现代日本经济,1984(5):35-37.

[55] 米建国.战后日本交通运输的发展及其政策[J].现代日本经济,1984(4):36-38.

[56] 盛继勤.交通运输在战后日本经济发展中的战略地位[J].中国民航学院学报,1984(1):62-67.

[57] 萧辉英.德国人口流动与经济发展[J].世界经济,1998(8):42-45.

[58] 姜丽丽.德国工业革命时期的城市化研究[D].武汉:华中师范大学,2008.

[59] 谭璐璐.产业结构调整视角下的德国崛起[J].国际经济观察,2016(7):102-104.

[60] 李卫波.德国交通运输促进城市协调发展的经验及启示[J].宏观经济管理,2023(9):9-12.

[61] 黄民,张建平.国外交通运输发展战略及启示[M].北京:中国经济出版社,2007.

[62] 谢雨蓉.国外交通运输增长阶段分析及对我国的启示[J].综合运输,2007(2):65-69.

[63] 刘敬青.基于投入产出法的货物运输需求预测方法研究[J].铁道货运,2008(4):7-10.

[64] 李德刚.综合运输网中的通道分析与系统配置研究[D].成都:西南交通大学,2004.

[65] 温子兴.运输通道综合交通运输功能结构与运输结构研究[D].西安:长安大学,2008.

[66] 李艳红.综合运输通道客运结构优化理论与方法研究[D].北京:北京交通

大学,2010.

[67] 何世伟,宋瑞,戴新鎏,等.路网运输能力及计算方法的研究[J].铁道学报,2003,25(2):5-9.

[68] 董雪.铁路网系统运输能力及可靠性研究[D].兰州:兰州交通大学,2013.

[69] 纪丽君.铁路网货物运输能力供给与运输需求适应性研究[D].北京:北京交通大学,2013.

[70] 肖芳.工业产品运输需求分类预测理论研究[D].西安:长安大学,2011.

[71] 陈春妹,任福田,荣建.路网容量研究综述[J].公路交通科技,2002,19(3):97-101.

[72] 吴海燕,高进博,冷传才.路网容量最大流的一种改进算法[J].交通运输系统工程与信息,2006,6(2):51-56.

[73] 栗雪娟.路网容量与交通流量预测算法研究[D].西安:长安大学,2007.

[74] 苏镇洪,赵文秀,龙科军.道路网络容量的多端最大流算法[J].交通科学与工程,2012(3):84-88.

[75] 邵长桥,庞佳骏,吕鲲,等.基于时空消耗法及运行效率的路网容量[J].北京工业大学学报,2019,45(9):895-903.

[76] 《综合交通运输理论干部学习培训教材》编委会.综合交通运输理论干部学习培训教材[M].北京:人民交通出版社股份有限公司,2022.